写给健身者的

运动解剖学

仰望尾迹云 ◎ 著　　大牛健身漫画 ◎ 绘

人民邮电出版社

北京

图书在版编目（CIP）数据

写给健身者的运动解剖学：精编口袋版 / 仰望尾迹
云著；大牛健身漫画绘. -- 北京：人民邮电出版社，
2025. -- ISBN 978-7-115-67750-1

Ⅰ. G804.4-64

中国国家版本馆 CIP 数据核字第 20250TV714 号

免责声明

作者和出版商都已尽可能确保本书技术上的准确性以及合理性，并特别声明，不会承担由于使用本出版物中的材料而遭受的任何损伤所直接或间接产生的与个人或团体相关的一切责任、损失或风险。

内容提要

本书是写给健身者的运动解剖学科普作品。第1至2章介绍了运动解剖学的基础知识和专业术语；第3至6章详细介绍了手臂、肩、胸、背、腰、腹、下肢等身体各个部位的骨骼、关节和肌肉的核心知识，以及各个部位肌肉的具体训练方法；第7章介绍了如何安排训练计划。本书语言通俗易懂，采用了生动形象的漫画形式，并配有特定主题的漫画专栏，适合健身新手及希望系统学习运动解剖学但缺乏专业背景的读者，也可作为体育相关专业学生学习运动解剖学课程的参考资料。

◆ 著　　　　仰望尾迹云
　　绘　　　　大牛健身漫画
　　责任编辑　刘晓飞
　　责任印制　彭志环
◆ 人民邮电出版社出版发行　　　　北京市丰台区成寿寺路 11 号
　　邮编　100164　　电子邮件　315@ptpress.com.cn
　　网址　https://www.ptpress.com.cn
　　北京盛通印刷股份有限公司印刷
◆ 开本：787×1092　1/32
　　印张：6.5　　　　　　　　　　　　2025 年 9 月第 1 版
　　字数：148 千字　　　　　　　　　2025 年 9 月北京第 1 次印刷

定价：39.80 元

读者服务热线：**(010)81055296**　印装质量热线：**(010)81055316**
反盗版热线：**(010)81055315**

目录
CONTENTS

第 **1** 章

关于运动解剖学，你过去知道的可能都是错的

1.1 运动解剖学可以很简单

本书讲运动解剖学有3个基本的原则：一是通俗，用"大白话"讲运动解剖学；二是实用，不讲跟健身实操关系不大的东西；三是兼顾基础和进阶，新手老手都适用。

踏踏实实、认真地学习本书内容后，你眼前会出现一个新的世界。

学运动解剖学，先要解决一个问题，就是对运动解剖学去神秘化。

如果你把运动解剖学理解成一大堆复杂的名词术语，那你一定会离运动解剖学越来越远。运动解剖学是什么？其实就是研究"人是怎样动的"。

进一步讲，人的肢体能活动，能做出各种动作，是因为三样东西：骨骼、关节、肌肉。

人的肢体活动原理与提线木偶很相似（见图1.1）。

图1.1

　　第一，人体的骨骼是硬的，能给肢体提供支撑。否则，人就是一摊软软的肉，无法做出任何动作。

　　第二，人体的骨骼之间有关节连着，这就让人体"硬中有软"。这很好理解，如果仅仅有骨骼而没有关节，人体就是一根硬棒，同样做不出任何动作。

　　几乎所有的身体动作，都是骨骼和关节的运动。

　　第三，最重要的，人体还有肌肉（骨骼肌，以下皆同）。肌肉就像提线木偶的绳子，给骨骼和关节运动提供动力。

　　我们再来具体看一个局部——简单的骨骼、关节、肌肉动作单元。

　　人的肌肉，就好像一根能缩短也能伸长的弹簧（见图1.2），它们的两头都连接在骨骼上，跨越一个或多个关节。肌肉收缩时，长度缩短，就会拉着骨骼围绕着关节运动。

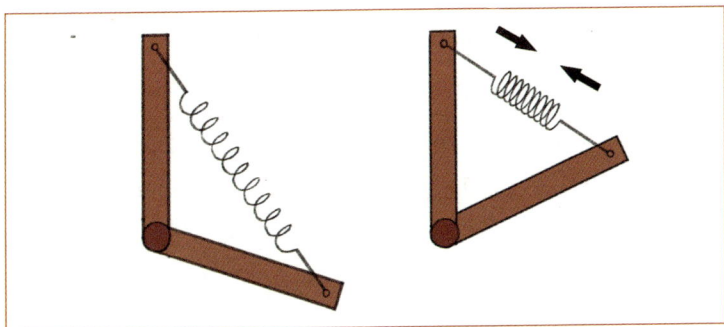

图1.2

比如，我们熟悉的弯曲胳膊（屈肘）这个动作（见图1.3）。在这个动作单元里，骨骼是上臂的肱骨和前臂的尺骨、桡骨，关节是肘关节，肌肉则主要是肱二头肌。

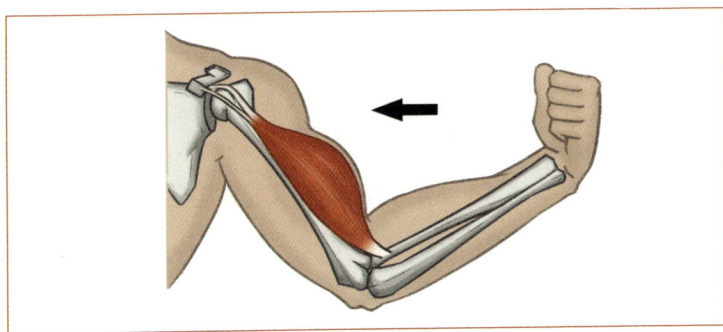

图1.3

所以，运动解剖学主要就是研究身体的肌肉是如何使骨骼围绕关节运动的。

当我们知道了哪根骨和哪根骨连接在一起，知道了关节在哪儿，知道了肌肉的两头分别连接在哪儿，那么想象一下也就自然能够知道，肌肉在收缩的时候，如何使骨骼围绕关节运动。

不要把运动解剖学想得太复杂，在学习的时候，不要把关注点放在各种名词术语上，而是要努力把这些名词术语和我们自身的肢体活动联系在一起，通过实际的肢体活动理解运动解剖学的知识。

简而言之，把运动解剖学形象化。运动解剖学并不神秘，它看得见、摸得着，就在我们每个人身上。

1.2 运动解剖学的规则

"想学好运动解剖学，先解决认识问题"。什么叫解决认识问题？这就好像你初入一个领域，这个领域的内行给你讲规则一样。明白了一个领域的规则，往往能很快地深入了解这个领域。

运动解剖学也是一样。先了解这些规则，就能少走很多弯路。

运动解剖学的规则一：运动解剖学是一门科学，是通过观察和实验所获得的客观的科学事实，而不是某人或某几个人的主观经验。

但有人可能想不通，会觉得：我通过训练摸索出的经验，一定就是真的啊！怎么就不可信呢？

第一，你总结经验的时候，不一定找对了原因。

我给大家讲一个真实的例子。

我以前认识一个人，他训练了很多年，训练效果也不错，但他坚信卧推是练背的，引体向上是练胸的——很不可思议吧？但他很有把握，他说每次练完卧推，第二天背都比胸疼得明显，而练引体向上的时候，胸都比背的充血感更好。所以他坚信自己的想法是对的。

其实，稍微有点运动解剖学知识的人都知道，他的想法毫无疑问是错的，就算他自己有再真切的感觉也没用。

他为什么会产生那些错误的经验呢？这也不奇怪，他的感觉是真实的，只不过他解释感觉的时候，把原因找错了。

在训练胸部时，背部的肌肉是拮抗肌，会很大程度地参与收缩来稳定动作。而有的人的胸肌相比背阔肌更适应卧推训练，那么训练后，背部的延迟性酸痛感就有可能比胸肌更明显。所以说，训练后产生的肌肉酸痛只能在一定程度上帮助我们判断训练时肌肉的收缩情况，但不能作为非常可信的证据。

同样，在引体向上动作的初始阶段，胸肌会非常明显地参与收缩，所以有的人的胸肌充血感比背部肌肉更好。充血感是一种主观感受，其作为科学证据的可信度同样非常有限。

所以，不管个体在训练时的主观感受如何，运动解剖学的规律是客观存在的。卧推是主要训练胸肌的动作，引体向上更多依靠背部肌肉参与收缩。只不过往深处讲，这里面有个主动肌、协同肌、拮抗肌的关系问题罢了。

第二，人体太复杂，适合你的不一定适合别人。

运动解剖学是一门科学，也就是说，它的结论对绝大多数人来说都是适用的。不管是中国人还是外国人，学习的运动解剖学几乎都是一样的。只有这样的东西，才能被称为科学。

每个健身者在一定程度上都有自己的经验，但这些经验适合自己，却不能保证适合别人。人和人的骨骼、肌肉形态差异很大，这就如同我们的面孔长得都不一样。科学研究是在差异性中找共性，因此需要研究很多个体，在个体差异中寻找共性。

比如胸肌，每个人的胸肌形态都不一样，有些人的胸肌先天就很饱满、形态好，有些人就没有这么好的先天条件。人的肌肉形态的差异，是客观存在的。

所以有些人练出漂亮饱满的胸肌，并不能说明他的训练方法很好，更不能把这种训练方法套用到别人身上——告诉别人只有这么练，才能练出漂亮饱满的胸肌。

尽管人们的肌肉形态有差异，但是肌肉的基本功能都一样。运动解剖学就是研究、揭示、应用这些共性的科学。

还是以胸肌为例。很多人在练胸肌的时候会总结经验，发现做了某个训练动作以后，所谓的"胸肌中缝"特别有感觉，于是他就觉得这个动作是专门练"胸肌中缝"的。

其实，所谓练"胸肌中缝"的说法，拿运动解剖学的照妖镜一照，就是伪科学。因为从运动解剖学的角度讲，任何人都不可能单独训练到"胸肌中缝"，这根本做不到。

肌肉是由一根根肌纤维组成的，肌纤维收缩使肌肉产生收缩。每一根肌纤维在收缩的时候，都遵循"全或无"原则，也就是说，整根肌纤维要么就都收缩，要么就都不收缩。所以，我们无法单独收缩肌纤维的其中一段，也无法单独训练"胸肌中缝"。

现在，我们经常能在网上见到一些讲运动解剖学的"达人"，粗暴地把个人经验当成科学，而对真正的运动解剖学知之甚少。

所以，学习运动解剖学，我们不要迷信个人经验，哪怕这个人是健美冠军。只要不是真正来源于运动解剖学的内容，我们都要保持警惕。

反过来说，先学好运动解剖学的基本知识，在尊重和掌握人的骨骼、肌肉共性的基础上，再从个人的实践中摸索适合自己的方法，才算做到了智慧地、合理地看待和使用运动解剖学。

运动解剖学的规则二：增肌训练中，所谓的"标准动作"并不存在。

运动解剖学与训练动作息息相关。在增肌训练方面，很多人喜欢讲所谓的"标准动作"。而真实的情况是，所谓唯一正确的"标准动作"根本不存在。

其实学术界一直在努力研究，一个动作该怎么设计才能使人取得更好的训练效果。科学研究就是一个不断进步的过程。而宣扬所谓"标准动作"的人，则认为增肌训练动作已经"定了"，不能改动，这样的观点是不科学的。

比如，有的人喜欢强调肌肉肌纤维的走向，他们会说，如果一个训练动作没有完全符合肌纤维的走向，那么就没法训练到目标肌肉，这个训练动作就是错的。也就是说，有的人觉得一块肌肉的肌纤维是斜着分布的，那么训练动作也需要"斜着练"才对。

这么想似乎很合理，但是并没有科学的证据。反倒是有科学的证据可以表明，肌纤维的走向与训练动作的"收缩线"即便不完全重合，肌纤维也能得到很好的收缩张力的刺激，产生很好的训练效果。

又比如，很多人想当然地认为，训练时动作幅度越大，训练效果就越好，但是否有证据可以证明呢？相关科学研究认为，半程训练动作对肌肉的刺激效果并不差。全程和半程训练动作的效果受很多复杂的因素影响，至于哪个训练动作效果更佳，学术界现在还没有结论。

很多人喜欢过分地强调手应该怎么摆、脚应该怎么放，甚至眼睛应该看哪里。如果偏差了1厘米或1度，就说训练动作是错的，就说这是白练了。其实，这是不科学的观念。

增肌训练动作有标准，但标准动作都是有一定"宽裕度"的。也就是说，基本符合标准的要求就可以，而没必要过分强调所谓的"标准动作"。

有些增肌训练者推崇绝对的"标准动作"，可能是因为没有区分开增肌训练和力量型运动项目。

增肌训练和力量型运动项目（如力量举或举重），虽然看起来差不多，但实际上差别很大。增肌训练的目的是练出大而美观的肌肉；而力量举或举重不一样，其训练目的是增加肌肉的最大力量，举起更重的东西。

力量举和举重很讲究动作的"标准"。比如，符合生物力学原理的姿势和发力方式可以让更多协同肌群参与做功，让更少的拮抗肌群收缩，这样发挥出的合力就更大，能举起更重的东西。

但增肌训练不一样，训练的目的只是肌肉收缩本身，而不是收缩产生的力。肌肉收缩仅仅是一种刺激，目的是刺激肌肉增大。

用"开枪"打个比方。力量举或举重如同射击比赛，要求一枪打中目标，所以需要瞄准目标。而增肌训练需要做出一个漂亮的射击动作，所以不一定需要瞄得特别准，可以有一定的"偏差"。

其实，增肌训练也存在标准动作，但没有必要过分强调一丝不差的"标准"。增肌训练基本的标准动作有两个作用，一是有效刺激目标肌肉，二是避免受伤。

运动解剖学的规则三：没有感受到"发力感"，并不是没练到。

运动解剖学里说的肌肉，指的是骨骼肌。简单来说，骨骼肌就是附着在骨骼上，能让骨骼动起来的肌肉，也是健身者最感兴趣的肌肉。

人体一共有3种肌肉，除了骨骼肌之外，还有平滑肌和心肌。简单来讲，平滑肌主要是内脏和血管上的肌肉，心肌就是心脏的肌肉。

平滑肌和心肌都属于不随意肌，骨骼肌则属于随意肌。

什么叫不随意肌？是指这类肌肉不能随着我们的意愿收缩或放松。

骨骼肌属于随意肌，所以我们可以用意识控制它收缩或放松。比如，我们想抬胳膊就能抬胳膊，想抬腿就能抬腿，这都是我们能控制的。

但是，这里需要特别强调一件事，骨骼肌虽然属于随意肌，并不代表我们真的可以完全随意地控制它。我们对随意肌的控制，只是有限的"随意"。

这体现在以下两个方面。

第一个方面是"动作原则"。在做某个特定动作的时候，有些肌肉要收缩，这不是我们靠意识能控制的，而且，我们也无法靠意识去控制各部位肌肉的收缩程度。

比如做卧推这个动作，胸大肌、肱三头肌、三角肌前束等肌肉都要收缩，我们无法用意识去控制，只通过收缩胸大肌来完成这个动作，而不让肱三头肌和其他肌肉收缩。同样，我们也不可能通过意识来控制胸大肌、肱三头肌等肌肉的收缩程度。很多人声称靠所谓的"念动一致"能做到，这不过是一厢情愿的妄想罢了。

随意肌的"随意"，并不体现在我们真的可以完全随意地控制具体肌肉上，而是体现在随意控制身体动作上，而且还只是一定程度的随意控制。不是所有动作都能随意做出来——想想看，你天生就会做复杂的舞蹈动作吗？

那么是谁在控制肌肉收缩的呢？是神经在"自动"控制。比如我们的脑神经和脊神经。还是以跳舞为例，我们学跳舞，就是在训练神经自主、协调地控制肢体，让身体学会靠所谓的肌肉记忆，做出舞蹈动作。

人体有两百多块骨骼和六百多块肌肉，它们形成了一个非常复杂的骨骼肌肉系统，让我们能做出各种各样的动作。而我们在做动作的时候，是身体自动去执行的。

举一个简单的例子，当你说一句话的时候，负责呼吸的肌肉和面部肌肉等，至少有几十块甚至更多肌肉在同时协调收缩，而你没有用大脑去控制每一块肌肉该怎么收缩，这一切都自然而然地发生了。

反过来说，就算你想控制某一块肌肉，也基本做不到。当你咀嚼食物的时候，能自主控制颞肌、翼内肌和翼外肌，使用多大力量收缩吗？答案是不可能，你甚至连这些肌肉在哪儿都感觉不到。

还是说回卧推这个动作，我们根本无法控制胸大肌、肱三头肌等肌肉是否发力，或发力的程度。如果想要在卧推时让胸大肌多发力，那么只能靠适当增加握距，改变两只手之间的距离，这样胸大肌自然就会多发力。这受动作本身影响，而不是靠意识控制的。

依靠哪块肌肉收缩及收缩的程度由动作决定，这就是"动作原则"。想要在训练时，尽可能控制肌肉收缩，那就要改变动作的细节。

当然，通过训练，人也能够提高对具体肌肉的主观控制能力。有些研究发现，经过训练的人在做某些动作的时候，一定程度上可以用意识去控制复杂的肌肉收缩。比如，经过训练的人在特定的条件下做深蹲动作，可以用意识来控制臀部肌肉和腿部肌肉的发力程度。但是一定要注意，这种控制能力是有条件的，那就是只有用很轻的负荷去完成动作的时候，才有可能实现。也就是说，深蹲时想要控制臀部和腿部哪块肌肉发力，只有用很小的重量做深蹲时才能实现。但增肌训练必然要使用较大的重量，所以，所谓的"念动一致"在增肌训练里没什么太大的意义。这就是我们对随意肌的控制并不完全"随意"的第二个方面——重量原则。

做动作的时候，哪些肌肉收缩，收缩多大程度，还随着负荷而改变。也就是说，我们用多大的重量，也会影响做这个动作时肌肉如何收缩。

典型的例子是肱三头肌的收缩。

上臂的肱三头肌有3个肌头：内侧头、外侧头、长头。肱三头肌的主要作用是伸肘，把胳膊从弯曲的状态下伸直。

肱三头肌的内侧头就像肱三头肌的"苦役"，只要伸肘，肱三头肌收缩，它基本都会收缩。但是外侧头不是每次都收缩，只有在需要较大收缩力的时候才会收缩。最后，当在此基础上还需要更大收缩力的时候，肱三头肌的长头才会收缩。

这就是"重量原则"。肌肉怎么利用，哪块肌肉收缩，收缩到什么程度，与肌肉要对抗多大重量有关系，这也被叫作"节约定律"。也就是说，我们的身体希望在任何时候都尽可能地节约能量，这是我们进化而来的生存策略。肌肉收缩是很耗费能量的，所以能用较小的力量就能完成的动作，身体就只让较少的肌肉参与收缩；当需要的力量逐渐提高，身体才会动用更多、更大的肌肉。

现在我们知道了，我们对骨骼肌的控制，说是"随意"，其实有很多限制，我们根本不可能在做增肌训练的时候，想怎么控制肌肉收缩，就怎么控制肌肉收缩。做动作时，肌肉怎么收缩是有其客观规律的。

人们对于所谓的"发力感"的迷信，也是同样的道理。很多人说，做动作的时候，必须体会所谓的发力感。没体会到发力感，说明你要训练的肌肉没收缩，你就白练了。

这当然很滑稽。我们感觉不到肌肉收缩，不代表肌肉没收缩。当使用足够的重量完成了基本的标准动作时，就算没感觉到某块肌肉的收缩，该收缩的肌肉还是会收缩。你用小重量做卧推时，就算没感觉到胸肌的收缩，难道它就没收缩吗？这是不可能的。你做引体向上时，就算没感觉到背阔肌的收缩，难道它就没收缩吗？这也是不可能的。肌肉收缩是由动作本身和重量大小来控制的，而不是靠我们的意识来控制的。我们要做的就是做对动作、选对重量。

当然，发力感也有一定的参考价值。适度追求发力感，对学习和把握训练动作有一定的帮助，尤其对新手来说。我们应当反对的是"唯发力感论"，这是不科学的观念。

1.3 形态各异的肌肉与力量线

肌纤维是我们较熟悉的肌肉收缩单位，一根根肌纤维有序地排列，就组成了一块块肌肉。肌纤维收缩，肌肉就收缩了。

一般人印象里典型的肌肉，就像是肱二头肌那种样子，中间粗、两头细，这种肌肉叫"梭形肌"。但实际上，肌肉形态不止这一种，还有其他形状各异的肌肉（见图1.4）。

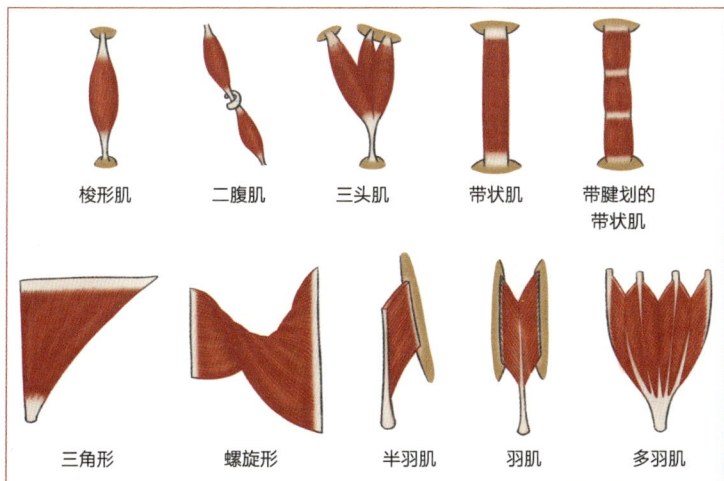

梭形肌	二腹肌	三头肌	带状肌	带腱划的带状肌
三角形	螺旋形	半羽肌	羽肌	多羽肌

图1.4

不管肌肉是什么形状，它们都有一个特点，那就是两端都连接在骨骼上，中间跨越关节。这样，肌肉收缩就能产生让骨骼围绕关节运动的力量。

我们经常能听到一个名词，叫作"肌肉的起止点"，其实就是指肌肉的两头连接在骨骼的哪两个位置。但肌肉只是把骨骼连接在一起，它并没有真的"起点"和"止点"，也就是说，肌肉的两端没有什么真正的"上下"或"前后"。学术界把肌肉的两端命名为起止点，是为了便于讲解肌肉解剖。

我们学运动解剖学没必要背肌肉的起止点——从哪儿开始，到哪儿结束。我们只需要知道一块肌肉连接着哪些骨骼，以及具体的连接位置就可以了。

而且，这就是运动解剖学的核心！

运动解剖学就是研究肌肉收缩怎么带动骨骼运动的，知道了肌肉连接骨骼的位置，就等于知道了肌肉收缩时，骨骼会怎么动。

这就好像我们知道了提线木偶的某一根线连在它身体的哪个位置，也就知道了拉动这根线，提线木偶会怎么动。当我们了解了它所有的线，也就知道了怎么操作提线木偶。

关于肌肉收缩，我们还需要知道一个重要名词——力量线。

简单说，力量线代表一块肌肉的收缩方向。比如图1.5中的肱二头肌，它收缩时拉动前臂，让肘关节弯曲，所以它的力量线就像图中所画的那样。

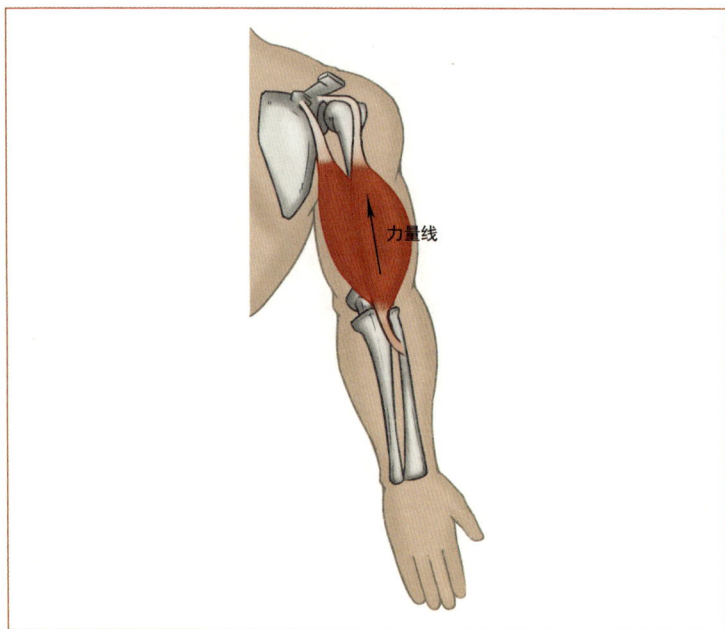

图1.5

　　当然，肌肉收缩的力量线方向不是绝对的。因为当肌肉长度缩短时，肌肉的两端会同时向中心收缩，并不是肌肉的一头朝着另一头收缩。但是，肌肉在收缩的时候，我们身体的动作往往有方向。通常情况下，肱二头肌收缩是前臂靠近肩膀，这是因为肩膀一般是固定不动的，所以前臂就被拉向肩膀。然而，当我们做引体向上时，肱二头肌力量线的方向就是反的，是肩膀向前臂运动。这是因为此时前臂是固定不动的。

　　我们经常听到的"近固定"和"远固定"，说的就是这件事。

　　我们的手脚就是身体的"远端"。所以在做引体向上时，手抓单杠，就属于"远固定"（身体的远端固定不动）。身体远端固定的动作，一般叫作"闭链动作"。相反，近端固定的动作，一般叫作"开链动作"。我们平时可能会经常听到这些术语。

　　怎么记忆"开"和"闭"呢？很简单，我们可以这么理解：四肢活动，就是"开"；四肢不动，就是"闭"。

　　大家学习运动解剖学或其他健身科学知识时，千万不要被一些术语吓到。其实术语无非只是个代号，为了称呼起来方便。它既不复杂，也不神秘。

跟很多人一样，
本牛健身前一直向往强壮的体魄，
有一颗想要变大的心

虽然也想去健身，
但总是有各种借口推脱

某一天，
在结束了一个高强度的工作项目
之后，身心都感觉非常疲惫，
于是打开了熟悉的游戏

我忽然感觉自己像被困在一个笼子里

笼子外是想做的事，笼子里是每天自己重复的事。

扪心自问

我想做的事开始做了吗？我这一辈子都要这样下去了吗？

我想要挣脱这个牢笼——从健身开始

初入健身房的时候什么都不懂，自己瞎练，走了很多弯路

腰酸背痛腿抽筋……

想要学习却不知道该学什么，也没有能力分辨哪些是谎言

深蹲膝盖不能过脚尖 脂肪可以
运动20分钟之后 转成肌肉
才开始消耗脂肪
停止健身肌肉就会变成脂肪
运动后半小时内不能吃东西不能喝水

不过！坑入多了就有了经验

别慌，以后还会遇到更多坑的。

想要练出健康的好身材，绝对不是一桶蛋白粉能够解决的。至少，有四个方面很重要

① 训练计划：我们应该怎么练

合理制订训练计划是最直接的让我们接近训练目标的方法。

② 人体结构：我们应该练哪里

想要理解动作，想要找到肌肉的发力感，肯定得了解人体结构。

③ 营养学：我们应该怎么吃

我们练，我们吃，其实都是为了达到想要的能量平衡状态。

④ 运动康复：我们应该怎么休息

这里的休息不仅指睡眠，更多的是指肌肉的放松和恢复，还有肌力平衡。

这就是新手的健身导航图

新手在健身中常遇到以下这些方面的问题

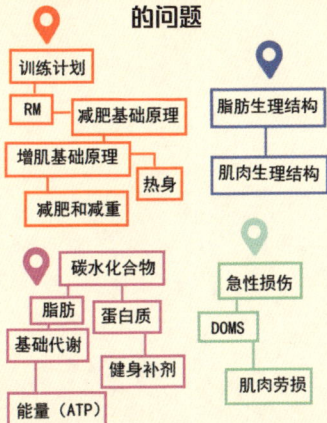

- 训练计划
- RM — 减肥基础原理
- 增肌基础原理 — 热身
- 减肥和减重

- 碳水化合物
- 脂肪 — 蛋白质
- 基础代谢 — 健身补剂
- 能量（ATP）

- 脂肪生理结构
- 肌肉生理结构

- 急性损伤
- DOMS
- 肌肉劳损

或许你现在觉得这些很复杂。
这没关系，
相信随着时间的推移你肯定会对
这些方面有更多的了解

健身的不归路

如果你喜欢健身，
或者正要开始健身，
希望本书能够为你指引航向

这个世界上有很多事付出了努力，
也不一定有回报。但健身不一样，
你付出多少努力，就会有多少回报

努力
回报

我们有时总想找到去
开始做一件事最合适
的时机，
可真相是永远
不会有最合适
的时候，只有
你决定开始的
时候

马上开始！

趁年轻，
去做你想做的事吧！
（不止是健身）

第**2**章

学点运动解剖学术语

2.1 用运动解剖学看人体

运动解剖学有很多术语，不熟悉运动解剖学的人读起来特别"令人头大"，甚至对于熟悉运动解剖学的人来说，有些时候也还是要思考一下才能明白具体讲的是什么。

运动解剖学的术语难懂，是因为做学术研究要有一套统一的语言，这样才能使学术界的高效率沟通成为可能。

专业的运动解剖学书籍，会用学术性较强的语言去描述人体部位和骨骼、肌肉的运动。我们在实际操作当中，虽然不要求使用术语，但是起码要知道这些运动解剖学术语是什么意思。我们自己不一定要说，但要看得懂、听得懂运动解剖学术语。

在本书中，我的原则是用"大白话"去讲运动解剖学，但由于运动解剖学的专业性，偶尔还是会用到学术性较强的语言。掌握好下面介绍的基础知识，你才能看得懂后面学术性较强的内容。

言归正传，这里先讲一下运动解剖学的"描述体位"。

什么叫描述体位？要讲运动解剖学，就要说到人身上的某个部位。描述位置的好方法就是有个人站在那儿，我们指着他，说这是哪儿哪儿哪儿。但如果大家此时不在一块儿，且没有约定好模特做什么样的姿势，就很难讲清楚。

所以，运动解剖学就规定了两种站姿，并以这两种站姿为基础姿势。这两种运动解剖学描述人体时的基础姿势，就叫作描述体位。

如图2.1所示，成年人身体直立，目视前方。左侧：双手自然下垂，双手手心向内，这种姿势叫"基本位"。右侧：双臂稍微张开，双手手心向前，这种姿势叫"解剖位"。

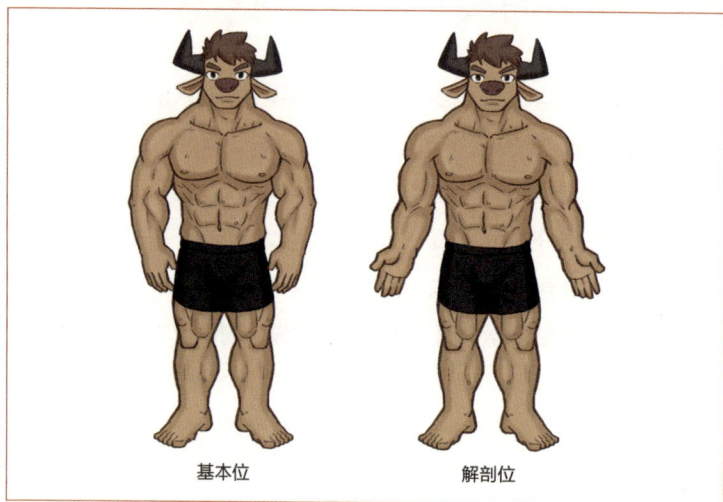

基本位　　　　　　　　　　解剖位

图2.1

了解了描述体位，再说一下运动解剖学怎么描述我们身体的不同位置（见图2.2）。这也要有标准，不然也会乱。

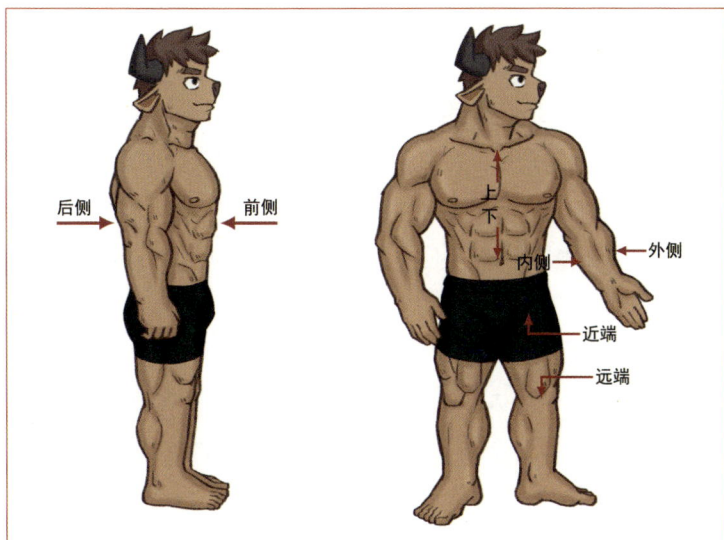

图2.2

　　运动解剖学中，身体正面叫"前侧"，背面叫"后侧"。比如，心脏在脊柱的前侧，脊柱在心脏的后侧。有时把前侧叫"腹侧"，后侧叫"背侧"，其实意思都一样。

　　"上""下"很简单。往上的就是上，往下的就是下。比如头位于心脏上方，腹部位于胸部下方。

　　我们身体有一条中心线——想象从鼻子到肚脐画一条线。靠近这条中心线的，就叫"内侧"，远离这条中心线的就叫"外侧"。比如，鼻子在耳朵的内侧，腋窝在乳头的外侧。只要是相对靠"外"，离中心线更远的，就叫外侧。注意，这都是相对的，比如腋窝相对于肩膀，又处于内侧了。

　　"近端"就是靠近躯干，"远端"就是远离躯干。比如手是远端，肘关节相对于手是近端。但是，相对于肩关节，肘关节又成了远端。因此，远近也是相对的。

大家可以练习一下，用这种规范的语言来描述一下身体上某个部位在什么位置，不一定要特别熟练，但起码要了解这种规范的说法。

下面再来讲一下运动平面。

人体运动基本都是在不同平面里面，所以运动解剖学规范了人体的运动平面。

如图2.3所示，在解剖位下，从身体后侧到前侧，或者从前侧到后侧的平面被称作"矢状面"；从身体外侧到内侧，或内侧到外侧的平面被称作"冠状面"。很多人总是记混矢状面和冠状面。可以这样记，"矢"本意是箭，我们想象张弓搭箭，箭射出去的平面就是矢状面。"冠"可以想象成唐宋时的官帽，帽子两边的"帽翅"所在的平面就是冠状面。

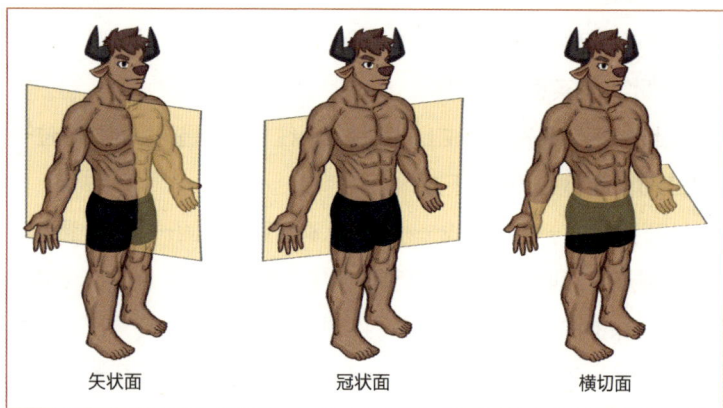

矢状面　　　　　　　冠状面　　　　　　　横切面

图2.3

"横切面"也叫水平面，就像是水平地把人"切开"。

2.2　运动解剖学是"能屈能伸"的科学

有了运动平面，运动解剖学就能规范地描述身体运动。

肢体在矢状面上的运动，运动解剖学一般称之为"屈"和"伸"。比如，整条胳膊前平举，就叫屈肩，或者肩关节屈；整条胳膊往后抬，就叫肩关节伸。大腿向前、后踢，是髋关节的屈、伸。

在冠状面上的运动，一般称之为"内收"和"外展"。手臂侧平举，运动解剖学就叫肩外展。

在横切面上的运动，一般就叫"旋转"，如颈部旋转、腰部旋转等。

屈、伸、内收、外展、旋转都属于关节运动，或者叫骨运动，也就是肌肉拉着骨骼在运动。运动解剖学的重点就是讲这些东西。

下面详细说一下"屈"和"伸"。

我过去开玩笑说，运动解剖学是"能屈能伸"的科学。屈伸是我们学运动解剖学首先接触到的概念。

大家可以建立一个概念，运动解剖学的"屈"，一般就是说两块骨头靠近，而且是往身体前侧的方向靠近（这个"前侧"是指解剖位的前侧。下文就不再提解剖位这3个字了，但提及的前后、上下、远近都是在解剖位下）。

比如，肘关节屈，就是前臂和上臂从前面靠近；颈屈，即"点头"动作，就是头靠近胸部；髋关节屈，就是大腿从前面靠近上身。

大家可以自己做一下这些动作，感受一下。总的来说，"屈"一般都是"前屈"，往前，让骨骼之间靠近；"伸"一般都是"后伸"，往后，让骨骼之间远离（见图2.4）。

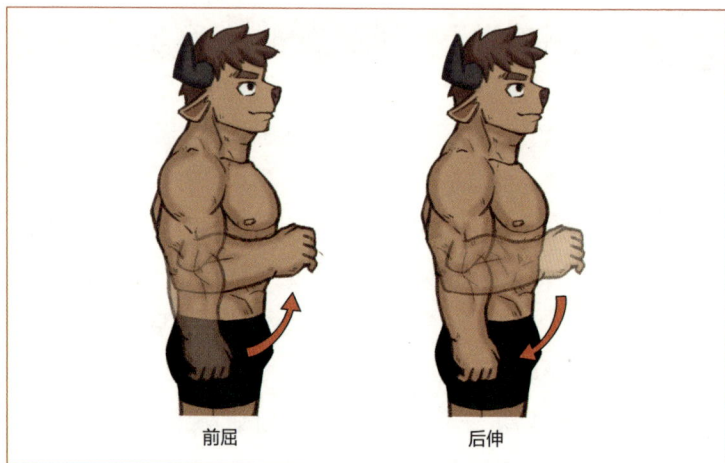

前屈　　　　　　　　　后伸

图2.4

　　当然，因为人体运动比较复杂，所以也有例外。比如肩关节屈，好像就看不出胳膊靠近哪里；膝关节屈，是小腿从后面靠近大腿。

　　学运动解剖学时，大家一定要注意，有些东西是有规律的，但是也有例外，不该较真的地方我们别太较真。人体的各种运动是客观存在的事实，运动解剖学的描述方法则是人为主观创造的，所以运动解剖学并不完美。

　　有规律的地方，我们就记规律、掌握规律；有例外的地方，我们把例外记住就可以了。

　　这里我顺便说一下关节角度。大家往往觉得关节完全伸直的角度是180度（用我们学几何时的直观感觉），但运动解剖学一般不这么认为。运动解剖学一般认为关节完全伸直的角度为0度。这么说也好理解，因为关节都伸直了，角度自然为0度。而关节屈曲，才开始有关节角度，所以关节角度增加。当然，这也有例外，有的时候关节角度从180度开始算，如果屈曲，关节角度会减小。

关于关节角度怎么描述，其实学术界内部也不是特别统一，各种用法都有。我在这里讲关节角度的主要目的是帮助大家更好地理解屈伸的概念。

下面再说"伸"。"伸"和"屈"相反，"伸"一般是指两块骨头远离。"屈"一般是从解剖位开始，从0度开始。"伸"一般是关节在屈曲之后，回到解剖位的过程。所以，"伸"一般会让关节角度减小。

注意手和脚，不管其怎么动都可以叫"屈"（见图2.5）。手向手心

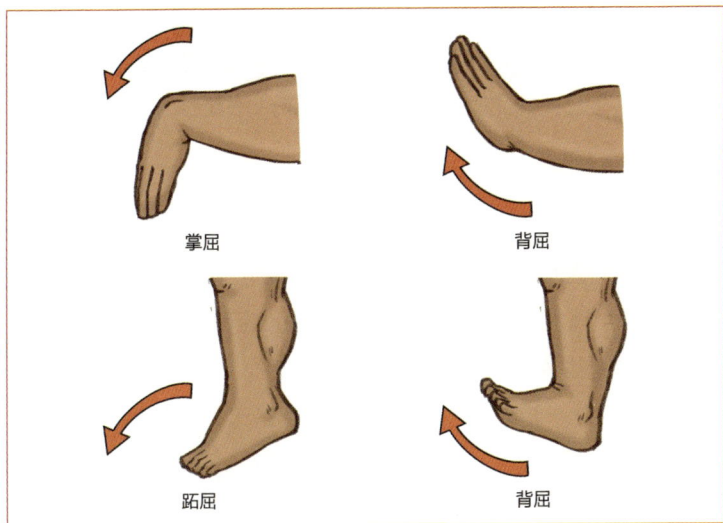

掌屈　　　　　　　　　背屈

跖屈　　　　　　　　　背屈

图2.5

方向运动，叫"掌屈"（向手掌的方向屈）；向手背方向运动，叫"背屈"。当然，手背屈也可以叫腕关节伸。

脚向脚心方向运动称作"跖屈"，向脚背方向运动称作"背屈"。同样，脚背屈也可以叫踝关节伸。

手指也有屈伸——握拳叫"屈曲"，张开拳头叫"伸直"（见图2.6）。这里我们不要管什么规律，记住就可以了。

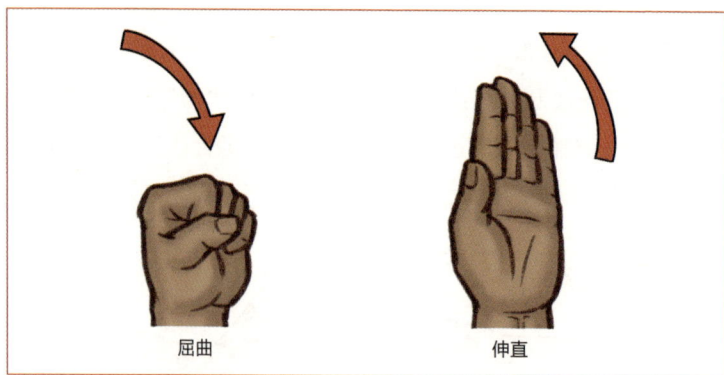

屈曲　　　　　　　　　　伸直

图2.6

再来说"外展"和"内收"。外展、内收主要发生在冠状面上，肢体向外或者向内的运动，其实也就是远离或靠近身体中线的运动。

"外展"就是肢体在冠状面上远离中线的运动。当然，这是一般情况，还有特殊的动作。

"内收"就是肢体在冠状面上靠近中线的运动，同样，这也是一般情况。

典型的外展和内收是胳膊的动作，两臂侧平举叫肩关节外展，从侧平举收回来叫肩关节内收（见图2.7）。但注意，肩关节内收这个动作不仅仅指把外展的肩关节"收回来",在手臂自然下垂的状态下,将手臂再往身体内侧收,也叫肩关节内收,如图2.8所示。

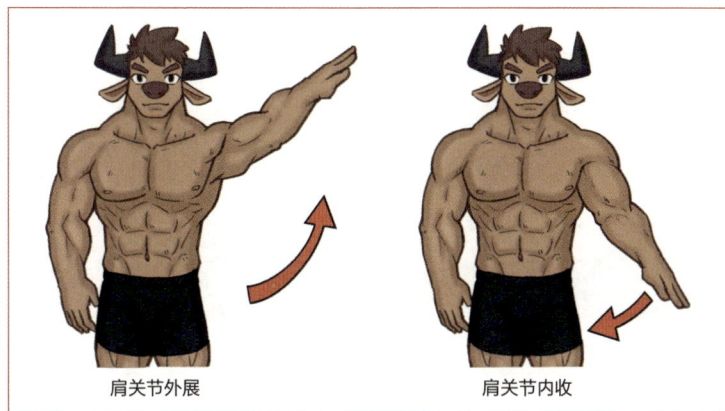

肩关节外展　　　　　　　　　肩关节内收

图2.7

图2.8

外展和内收动作中,"扩胸动作"是例外。这个动作习惯上也叫外展和内收，只不过是肩关节水平外展和肩关节水平内收（见图2.9）。一般的外展和内收都是在冠状面上的运动。水平外展、水平内收其实是在横切面上的运动，所以这也属于一种约定俗成的例外叫法。

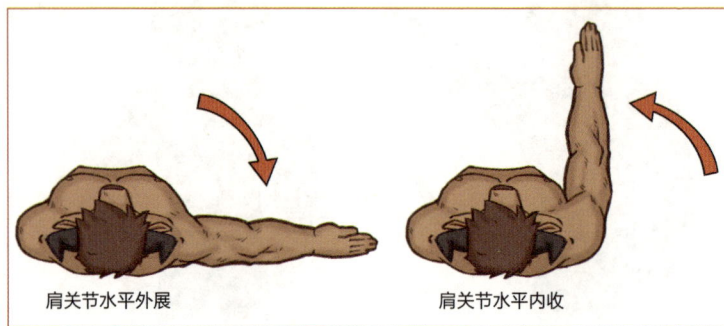

肩关节水平外展　　　　　　　肩关节水平内收

图2.9

　　手指、脚趾比较特殊。手指的外展、内收，参考点一般是中指（见图2.10）；脚趾外展、内收，参考点一般是第二趾。手指和脚趾的运动与健身关系很小，所以这里我们简单了解一下就可以了。

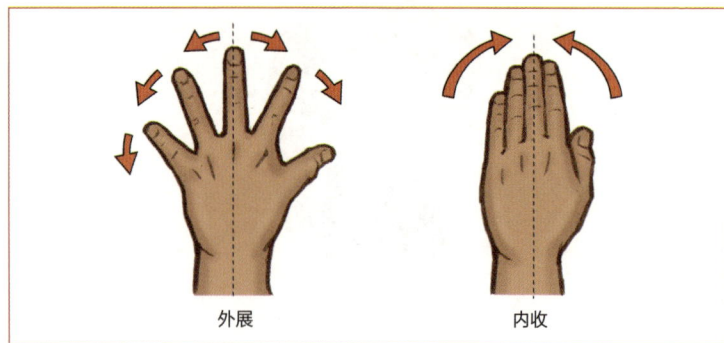

外展　　　　　　　　　　内收

图2.10

　　手腕的运动也比较特殊，我们想象一下，解剖位下手腕的外展和内收应该是什么样的？答案如图2.11所示。

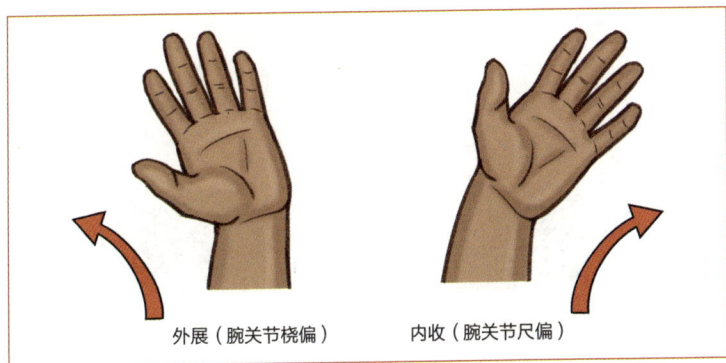

外展（腕关节桡偏）　　　内收（腕关节尺偏）

图2.11

　　运动解剖学中习惯将这个动作叫"偏"，也有些地方习惯叫"屈"（比如手腕外展叫桡侧屈，内收叫尺侧屈）。其实，这个动作叫外展、内收很合适，因为运动正好是在冠状面上的，所以本书把手腕的这种运动统一叫"外展"和"内收"。

　　讲完"屈、伸""内收、外展"，接着讲"旋转"。

　　旋转多数是在身体横切面上进行的（但是也有不在横切面上进行的）。大家应该都熟悉旋转这个动作，其实旋转就是骨头或肢体，绕着它的长轴（纵轴）运动。比如你在前面走，后面有人叫你，你回头的这个动作就是颈部在旋转（见图2.12）。

　　有旋转，就有方向。对于四肢来说，我们在解剖位站立，旋转方向如果朝内侧，那么就叫"内旋"或"旋内"；旋转方向朝外侧，就叫"外旋"或"旋外"。如图2.13所示就是胳膊（肩关节）的旋转。

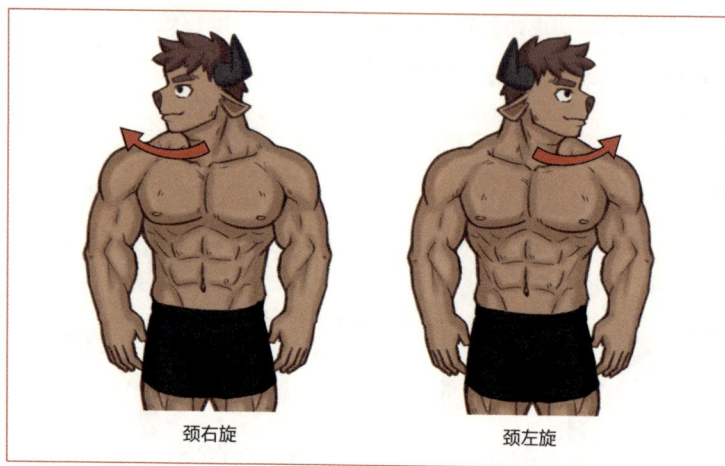

颈右旋　　　　　　　　　　颈左旋

图 2.12

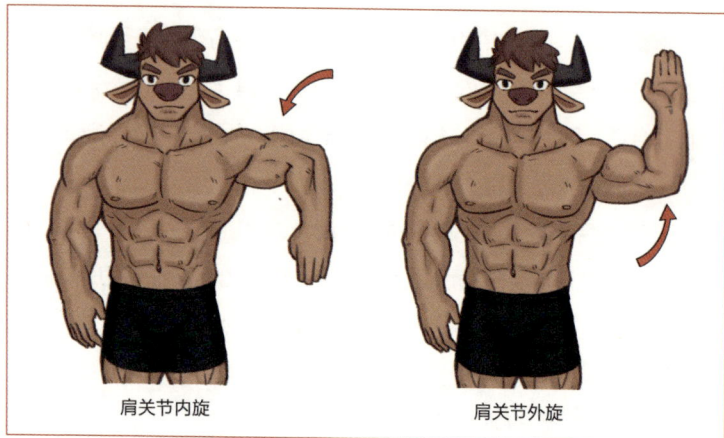

肩关节内旋　　　　　　　　肩关节外旋

图 2.13

要注意，图中手臂是弯曲的，这是为了在描述肩关节旋转的时候，避免跟前臂的旋转混淆。因为肩膀能旋转，前臂也能旋转，胳膊伸直的时候不容易区分。

前臂的旋转如图2.14所示。习惯上，前臂旋转不叫"内旋""外旋"，而叫"旋前""旋后"，但它其实与"内旋""外旋"意思是对应的，只是叫法上的习惯不同。体会前臂旋转的方法就是让肘部弯曲，手心往下翻，叫"旋前"；手心往上翻，叫"旋后"。

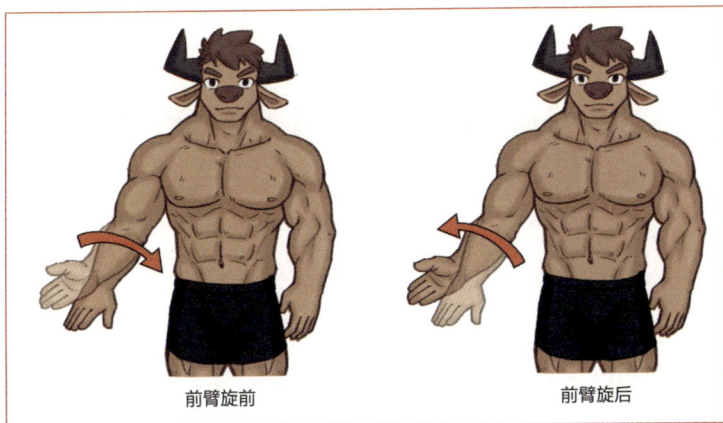

前臂旋前　　　　　　　　　　　　　　前臂旋后

图2.14

我们最后再看一下脚，踝关节还有一对动作叫"内翻"和"外翻"，如图2.15所示。

膝关节也有内翻、外翻，也就是我们平时说的O型腿和X型腿（见图2.16）。注意，O型腿叫膝内翻，X型腿叫膝外翻。此时要看胫骨（小腿骨）的方向。O型腿的胫

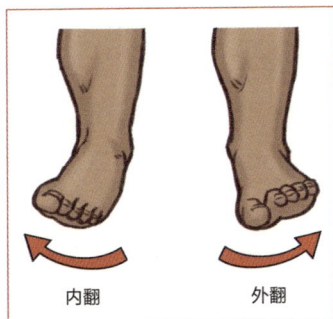

内翻　　　　外翻

图2.15

骨是往内撇的，X型腿的胫骨是往外撇的。

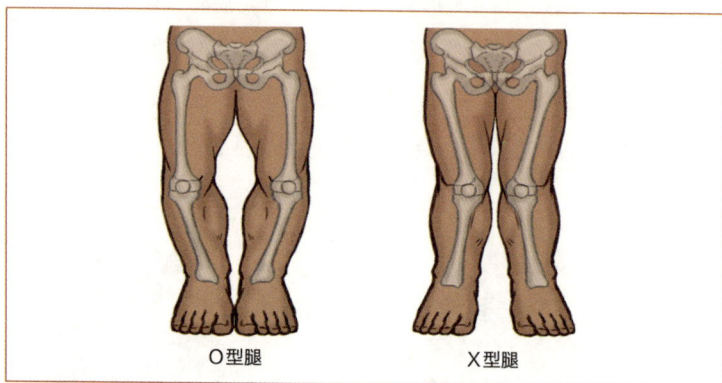

O型腿　　　　　　X型腿

图2.16

　　最后再说一些特殊的部位，先说肩胛骨。

　　肩胛骨是我们身上一块很重要的骨骼，它的运动与上肢的运动关系特别密切。肩胛骨其实相当于"扣"在我们身上，所以它很灵活，主要有6种活动方式（见图2.17），下面分别介绍一下。

　　肩胛骨"上提"是沿着身体纵轴往上走，其实就是个耸肩的动作；肩胛骨"下抑"是跟"上提"相反的动作。

　　肩胛骨"外展"是沿着水平面往前运动。实际上这个动作也叫肩胛骨"前伸"，这样更直观一点。我们做卧推的时候，将杠铃推到顶，胳膊已经无法往前伸了，但这时可以再往前顶一下肩膀，这就是肩胛骨"前伸"的动作。

　　肩胛骨"内收"就是肩胛骨往后缩的动作，也叫肩胛骨"后缩"。

　　还有肩胛骨"旋外"和"旋内"。肩外展这个动作（也就是胳膊侧平举），当肩完全外展时，肩胛骨就是"旋外"的。

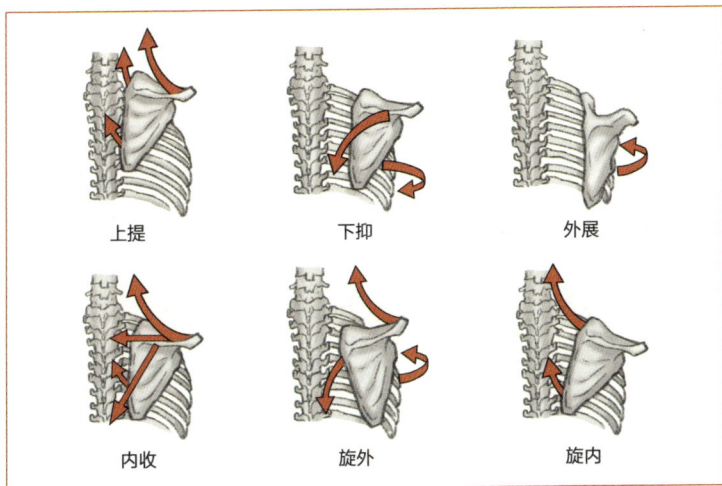

上提　　　　下抑　　　　外展

内收　　　　旋外　　　　旋内

图2.17

　　除了肩胛骨，还有一个比较特殊的部位就是骨盆。我们应该很熟悉"骨盆前倾"和"骨盆后倾"的说法，如图2.18所示。

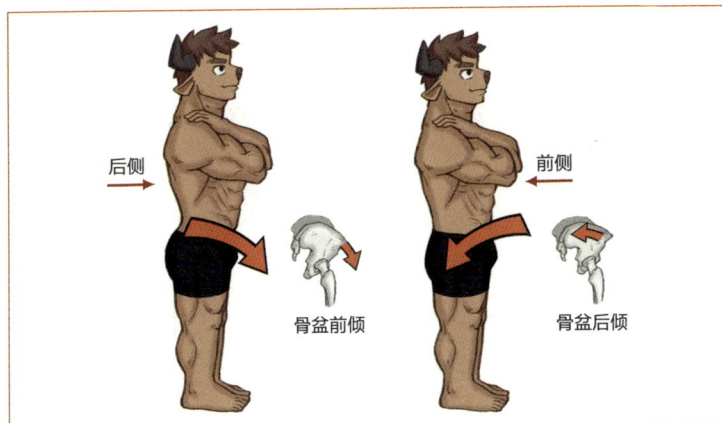

后侧　　　　　　　　　　　　前侧

骨盆前倾　　　　　　　　骨盆后倾

图2.18

通俗地说，骨盆前倾就是"翘屁股"，骨盆后倾就是"收屁股"。很多人觉得"前倾""后倾"不好理解，其实看骨盆的运动，就很好理解了。这里先记住骨盆前倾和后倾是什么样的就可以了，后面还会详细讲这个问题。

2.3 运动解剖学的基础生物力学

这一节讲基础生物力学，这些知识与指导训练实践关系很大。但这一节的内容，大家先做一个了解即可，遇到不太懂的地方可以先跳过去，等读到后面就会明白了。

我们怎么去理解"力"？其实很简单，就是肌肉收缩产生的力量，或者说是肌肉收缩要对抗的力量。而在运动解剖学里，这两种力分别叫"内力"和"外力"。

如图2.19所示，肱二头肌的收缩力是内力，前臂自然下垂的重力就是外力（如果手里拿着重物，那么它的重力也是外力）。

这里要注意，力都是"矢量"。矢量就是有大小、也有方向的量。我们看图2.19中表示力的线条都用了箭头，代表有方向。

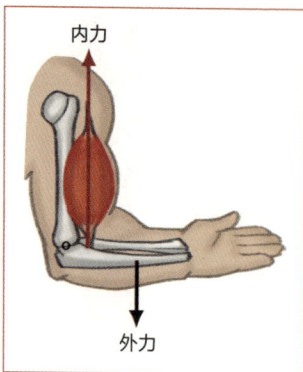

图2.19

下面再说一下"力矩"，力矩＝力×力臂。这也是一个很基础但很重要的概念。

要理解力矩，我们要先理解"力臂"。力臂就是力的作用点到支点的垂直距离。如图2.20所示，肘关节是支点，内力作用点到肘关节的距离是D，这就是"内力臂"；外力作用点到肘关节的距离是D_1，就是"外力臂"。

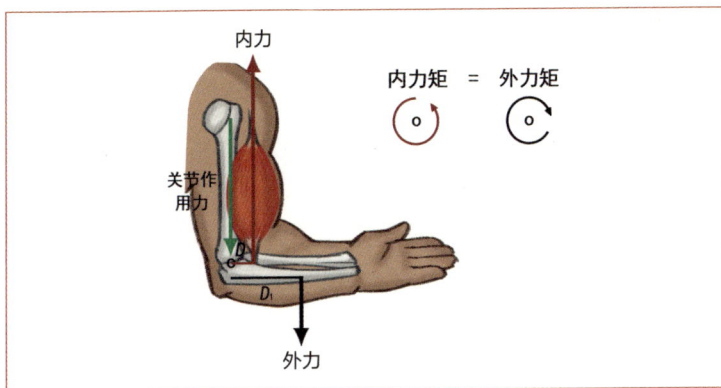

图2.20

很显然，在肘关节屈的生物力学中，外力臂比内力臂要长得多。我们都知道，力相同时力臂越长，力矩越大。所以在肘关节屈这个动作里，内力臂短，我们就需要用更大的力量才能举起东西（看起来很吃亏）。

有人肯定问，人体为什么要这样设计呢，这样不是费力吗？确实是费力，但是我们想一下，要是肱二头肌与前臂连接的位置很靠前，虽然省力了，但做动作就很别扭。这种设计获得了动作速度上的优势。因为肌肉收缩的距离不用很长，就能让关节角度变化很大，所以我们做动作的速度就很快。

　　我们可以这么理解力矩——力矩强调的是一个旋转的力。我们看图2.20中的内力矩和外力矩都表示为一个圈，且带着箭头。因为我们身体的肌肉收缩带来的活动基本都是旋转的，很少有平移的活动，所以我们基本上都是讲力矩。力矩使物体绕着旋转轴旋转。

　　下面再结合肌肉收缩的方式来理解力矩。

　　向心收缩，内力矩大于外力矩，肌肉收缩，长度缩短，做正功；离心收缩，外力矩大于内力矩，肌肉收缩，长度伸长，做负功；等长收缩，内外力矩相等。

　　这里我说一下向心收缩、离心收缩和等长收缩。

　　简单说，向心收缩就是肌肉缩短产生力，就是我们最常见的肌肉收缩方式，把东西拿起来，肌肉要收缩，而且缩短。

　　离心收缩就是慢慢控制着放下重物，这时肌肉还是收缩的，因为要慢慢放下，不是扔下，所以肌肉也要产生力，但肌肉是拉长的。

　　等长收缩，就是肌肉产生力，但重物不动，肌肉长度也不变。比如我们做平板支撑这个动作，肌肉就是等长收缩。肌肉用力了，但是肌肉没"动"，身子也没动。

　　最后，再说一下骨骼肌肉杠杆。

　　刚才讲了骨骼运动，有力、支点和力臂，其实这就是杠杆结构。坚硬的骨骼就是杆，关节就是支点，肌肉收缩产生了力，杠杆就能活动了。

　　骨骼和肌肉组成的杠杆，主要有3种类型，习惯上叫"一级杠杆""二级杠杆""三级杠杆"。如图2.21所示，红色箭头是内力，代表肌肉收缩产生的力；黑色箭头是外力，代表外部的阻力；黑色方块代表肌肉收缩要对抗的重物；黑色三角形代表支点。

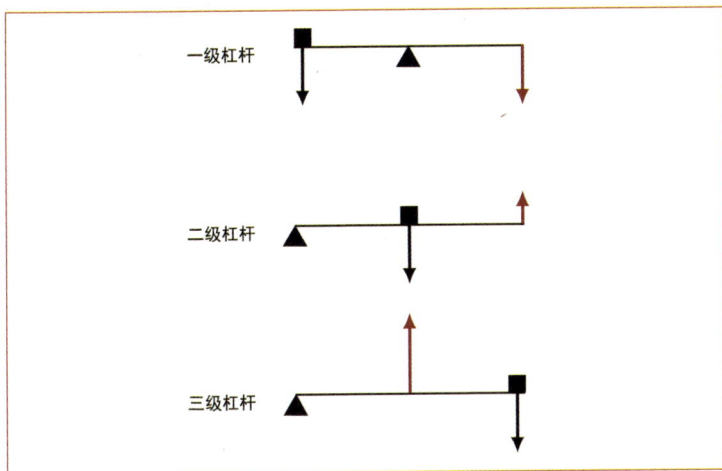

图2.21

　　一级杠杆就是支点在中间，外力、内力在两边。比如控制头部运动的肌肉，支点在中间，内力、外力在两边。一级杠杆就好像跷跷板一样。我们身体上的一级杠杆并不算多。二级、三级杠杆都是支点在一边，内力、外力在另外一边。两者的区别是，二级杠杆是外力在支点和内力中间，三级杠杆的外力在最外面。三级杠杆在身上最常见（见图2.22）。

　　现在我们想一下，这3种杠杆哪种最省力？最省力的是二级杠杆，内力臂要比外力臂长。

　　踮脚尖这个动作是典型的二级杠杆，支点（或者说旋转轴）在前面，外力就是身体的重力，在中间。小腿肌肉收缩产生的力，也就是内力，在最后面。小腿肌肉收缩能产生很大的力，我们练小腿也往往有这个感觉。

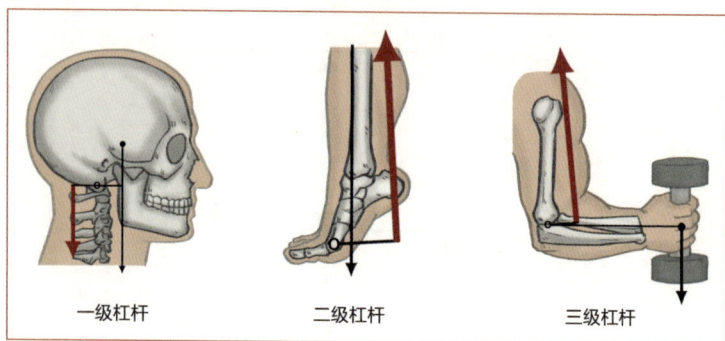

一级杠杆　　　　二级杠杆　　　　三级杠杆

图2.22

这里说句题外话，黑猩猩的肌肉看似不大，但是力量非常大，其实这与它们骨骼肌肉的杠杆结构有关。它们相比人类，有很多更省力的杠杆设计。

二级杠杆省力，但是移动速度慢、距离短。

三级杠杆正相反，是个费力杠杆，外力在最外面，内力在中间。我们身体大多数的骨骼肌肉杠杆设计，都是三级杠杆。

也就是说，人们在做大多数动作时，肌肉发出的力要比外力大很多才行。但是，之前也讲过，这样设计的优势在于获得更快的动作速度，总的来说还是很划算的。

在遥远的时代，
我们的祖辈靠狩猎和采摘生存

获得食物不易

我翻了3座山才采到这些果子。

我追了9千米才抓到这只兔子。

饥一餐饱一餐是常事

今天又没找到食物?

土

嗯……只能继续吃土了……

是脂肪帮助我们的祖辈熬过了最艰难的时期

外面的果子熟了!

我今天打到了一只野猪!

在我们的祖辈饥饿难当的时候，
是脂肪给了他们莫大的关怀

你们还有我……

好饿啊……

好饿啊……

脂肪，是我们的英雄!

英雄

能量仓库

为了纪念它的丰功伟绩，
人类给了它一个帅气的称号：
人体的"能量仓库"

然而时至今日，
我们却对脂肪唯恐避之不及

啊！是脂肪！
大家快跑啊！

曾经被视作英雄的脂肪
还跟各种疾病挂上关系

我不是！我没有！
你们别瞎说！

糖尿病

癌症

心脑血管疾病

脂肪肝

我有这么可怕吗？

委屈巴巴

我们要为脂肪正名！
脂肪不可怕！

看看，都看看，我
可怕吗？我可怕吗？？
我可怕吗？？？

42

使命必达!

脂肪作为人体重要的组成要素之一,它每天都有自己的任务

任务1:提供能量
单位脂肪能够提供比碳水化合物或蛋白质更高的热量

嘿咻~

热量

每克脂肪能提供9大卡的热量,因此脂肪是人体密度最大的能量物质。

任务2:保暖和保护身体

储备脂肪存于皮下肌肉间隙及内脏间隙,有隔热保温和支持保护体内脏器的作用。

放心!我来保护你!

任务3:促进脂溶性维生素的吸收

一个一个来……

维生素D 维生素E 维生素K 维生素A

脂溶性

维生素A、维生素D、维生素E、维生素K都必须溶解于脂肪才能被吸收利用。

其他任务:

使命 必达

任务

调节生理机能、润滑。

我们每天都会消耗脂肪，
所以也需要补充一定的脂肪

有一些脂肪酸必须靠外界补充，它对我们的健康有重要的作用。

而且，脂肪让食物
口感变得更加肥美

红烧肉这么好吃，就是因为我！

我不信！

现在大家不嫌弃脂肪了吧

我还是嫌弃！吃脂肪长脂肪！我长胖都是脂肪惹的祸！

呜呜呜呜！

长胖都是脂肪的错？
我都为脂肪感到冤屈！

冤枉啊啊啊啊啊！我比窦娥还冤！

我们摄入的**多余的热量**，
会以脂肪的形式储存起来

碳水化合物或蛋白质摄入过多，一样会变成脂肪！

所以脂肪不可怕，
可怕的是你贪吃的嘴巴

44

第**3**章

肘关节和手臂肌肉

3.1 手臂肌肉的基本运动

从这一章开始，要讲具体肌肉的运动解剖学了，先说手臂。

这里重点讲手臂的两部分肌肉，肱二头肌和肱三头肌，期间也会穿插讲几个与之相关的小肌肉。

先讲手臂是因为手臂肌肉相对简单一些，从简单的肌肉部位开始入门，在熟悉简单的部位后，再学习复杂的肌肉运动解剖学，大家更容易掌握。

肱二头肌和肱三头肌我们都很熟悉，用通俗的话说，肱二头肌就是上臂前侧的肌肉；肱三头肌跟肱二头肌位置正好"相对"，它是上臂后侧的肌肉。

肱二头肌的主要作用（后面还会讲到肱二头肌的其他作用）就是让手臂弯曲（肘关节屈），比如影视剧里的角色在秀肌肉时就会弯曲手臂鼓起肱二头肌（见图3.1）。

只要是弯曲手臂的动作，都可能使用到肱二头肌，比如我们端起

杯子喝水的时候，或者用手摸自
己的脸的时候。还有些更复杂的
动作，比如做引体向上，或者用
两只船桨划船的时候，手臂会以
各种方式弯曲，这都会用到肱二
头肌。

　　你有没有注意到一个细节，
我刚才举例子的措辞。我说端起

图3.1

杯子喝水和用手摸自己的脸的时候，这些动作都"可能"用到肱二头
肌，而说引体向上和划船的时候，则说这些动作"会"用到肱二头肌。
一个是"可能"，一个是"会"，为什么有这种区别？这就是在第1章
讲过的"节约定律"。

　　喝水、摸脸这些动作不需要用多大力气，而引体向上、划船需要
用的力气则大得多。前面讲过，有些肌肉在不需要对抗很重的东西的
时候，不一定用得着。所以，有些时候我们虽然弯曲手臂，但是因为
用力很小，肱二头肌不一定会收缩。

　　有的人可能觉得奇怪，肱二头肌不收缩，手臂怎么弯曲呢？

　　实际上，参与屈肘的肌肉还有很多，除了肱二头肌之外，肱肌、
肱桡肌、桡侧腕长伸肌、桡侧腕短伸肌、旋前圆肌、指深屈肌、桡侧
腕屈肌、掌长肌等，都是肘屈肌。

　　这里面有很多肌肉都是小肌肉，或者单关节肌肉。身体在做轻重
量动作的时候，更喜欢用小肌肉和单关节肌肉。而相比起来，肱二头
肌不但体积相对较大，还是三关节肌肉，跨越3个关节（但习惯上，
一般说肱二头肌是双关节肌肉，只跨越2个关节，这是因为忽略了不

太重要的桡尺关节），所以身体并不太喜欢让自己做无谓的收缩。关于这些知识，后面还会详细讲。

肱三头肌的作用跟肱二头肌相反，是让弯曲的手臂伸直。同样，伸直包括从各个角度、各个方向伸直。只要是把弯曲的手臂伸直，就几乎都会用到肱三头肌。比如，推门时就需要用到肱三头肌，其中就有手臂伸直的动作。还有投掷，比如投标枪、投棒球，都需要用到肱三头肌，其中都有手臂伸直的动作。

肱二头肌让手臂弯曲，肱三头肌让手臂伸直，它们正好是一对相反和相互抗拒的力量，所以，它们是一对"拮抗肌"。

让手臂弯曲的动作都能训练肱二头肌，而怎么弯曲及弯曲的程度会侧重训练肱二头肌的不同位置。肱三头肌有3个肌头，其大致位置都在手臂后侧，主要功能都是伸直手臂，但也有一些细微差别。不同的肱三头肌训练动作就是利用这些差别，来训练不同的肌头。这些知识，接下来都会详细讲到。

3.2　肱骨、尺骨、桡骨和肘关节

运动解剖学中，骨骼是基础，关节是关键，肌肉是动力。了解了骨骼和关节的情况，就知道了这个身体部位可能会产生哪些运动了。这时候，再去了解肌肉连接在哪儿，就很容易知道肌肉收缩后产生的效果了。

我们先看一下手臂的骨骼和关节是什么样的（见图3.2）。

手臂的骨骼主要有两部分（上臂的骨是肱骨，前臂的两根骨分别

是尺骨和桡骨），两部分连接的关节就
是肘关节。

　　大家要能区分尺骨和桡骨。解剖
位下，尺骨在内，桡骨在外（"内尺外
桡"）。或者我们也可以这样记，靠近
小拇指的是尺骨，靠近大拇指的是桡
骨（"小尺大桡"）。

　　肱骨很简单，就是一根下面（远端）
连着尺骨和桡骨，上面（近端）连着肩
胛骨的骨。这里注意，肱骨是连在肩胛
骨上的，这一点很重要。

　　肘关节包括肱尺关节、肱桡关节和

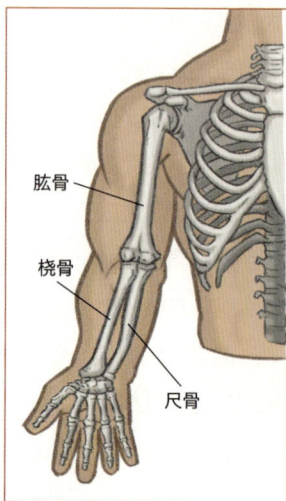

图3.2

近端桡尺关节。如图3.3所示，我们能很直观地看到，与肱骨连接最
紧密的是尺骨。我们说的肘关节，严格来讲，可以认为是尺骨和肱
骨形成的肱尺关节。而桡骨与肱骨连接形成的肱桡关节显然并不"结
实"（你可以这样想，如果肘关节主要是肱桡关节，我们提个重物可
能都会脱臼）。

　　肱桡关节虽然看起来有点"打酱油"的意思，但也非常重要。肱
尺关节就像门的合页一样，适合"开合"，所以这种关节在运动解剖
学里叫"铰链关节"。但它只能开合，不能旋转。而肱桡关节特别适
合旋转。有了肱桡关节，我们的前臂就能旋转了。

　　前臂可以旋前和旋后，就是因为肱桡关节的特殊设计。我们可以
这么理解，前臂旋转主要是桡骨"绕"着尺骨在"扭麻花"，在这个
过程中，尺骨是不动的（见图3.4）。我们可以摸着自己的尺骨，旋转

前臂感觉一下，尺骨不会动，只有桡骨在旋转。

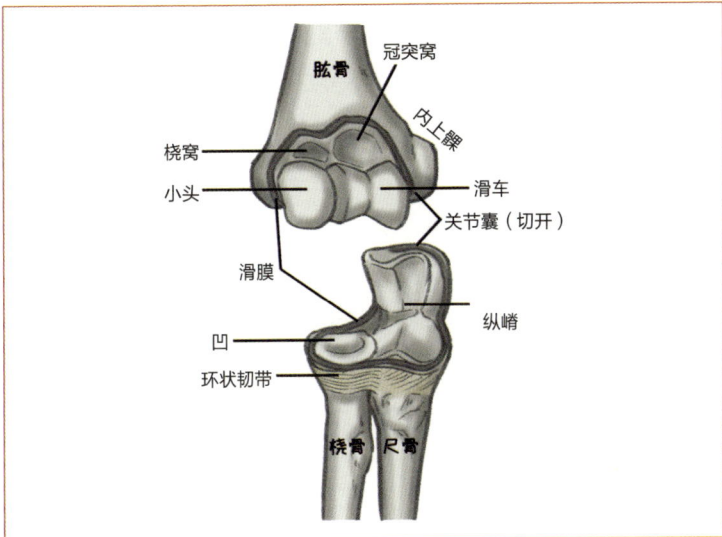

图3.3

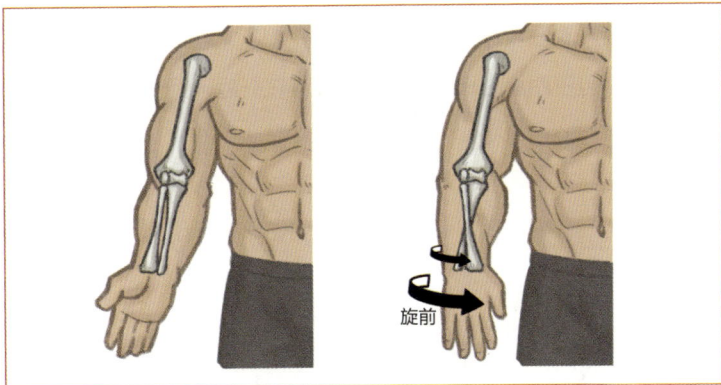

图3.4

　　前臂的旋转与肘关节有关，但是不属于肘关节的运动。前面说过，肘关节主要是肱尺关节，肱尺关节只能像合页一样开合，只能在一个平面上活动。也就是说，肘关节里的肱桡关节，其实跟肘关节的活动没多大关系。肘关节的运动就是肱尺关节的运动——手臂屈伸。所以，和肘关节相关的肌肉主要分成两部分，一部分是肘屈肌，另一部分是肘伸肌。

　　肘屈肌里面最重要的就是肱二头肌，除此之外，还有两块肌肉也比较重要，那就是肱肌和肱桡肌。肘伸肌中最重要的就是肱三头肌。实际上，手臂上负责屈肘的肌肉数量要比负责伸肘的肌肉数量多得多。

　　下面就详细讲一下这些肌肉。

3.3　最重要的肘屈肌——肱二头肌

　　肱二头肌有长头和短头两个肌头，这也是它名字的来源。这两个肌头其实相当于两块梭形肌，其中一端连在一起，另一端分别连在两个地方。

　　我们看肌肉时，最重要的是看什么？就是看它的两端都连在哪儿。这样，肌肉一收缩，我们就知道它会让骨骼怎么运动了。这是我反复在讲的事。

　　如图3.5所示，肱二头肌远端连在前臂上，近端连在肩胛骨上。所以，它一收缩形成的动作就是前臂靠近肩胛骨。

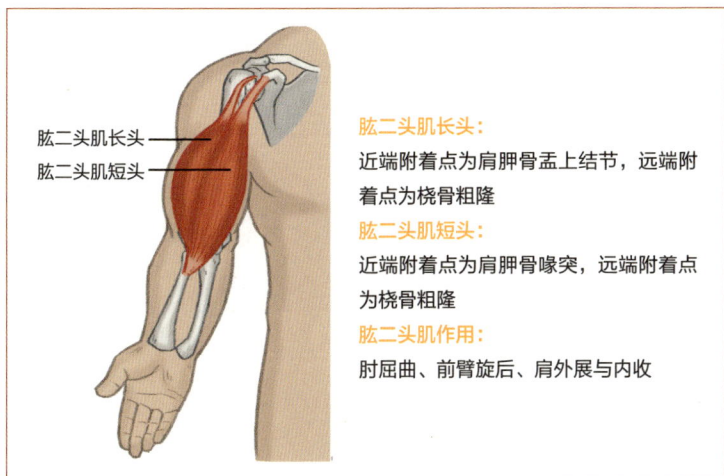

肱二头肌长头
肱二头肌短头

肱二头肌长头:
近端附着点为肩胛骨盂上结节,远端附着点为桡骨粗隆

肱二头肌短头:
近端附着点为肩胛骨喙突,远端附着点为桡骨粗隆

肱二头肌作用:
肘屈曲、前臂旋后、肩外展与内收

图3.5

　　这里要注意,肱二头肌近端连在肩胛骨上,这点很重要。而很多人可能误以为,肱二头肌近端连在肱骨上。另外大家可能疑惑,肱二头肌的主要作用是屈肘,就是让前臂靠近上臂,但这里怎么成了让前臂靠近肩胛骨了?其实,不管怎么屈肘,屈肘动作就是把前臂和肩胛骨拉近了。只不过我们用"前臂靠近上臂"描述屈肘动作,更直观、更好理解。

　　肱二头肌的主要作用是屈肘,但因为它连接在肩胛骨上,所以还有其他作用。也就是说,如果肱二头肌近端连在肱骨上,那么它就只跨越了一个肘关节。而它连在肩胛骨上,就跨越了两个关节——一个是肘关节,另一个是肩关节,这样,它的功能就复杂得多了。

　　因为肌肉只要跨越了一个关节,那么它收缩的时候,一般就会引起这个关节的运动。这点很好理解。所以,肱二头肌除跨越了肘关节之外，还同时跨越了肩关节，那么除了屈肘，它还能参与肩部的运动。

图3.6所示是肱二头肌的两个头连着肩胛骨的具体位置。

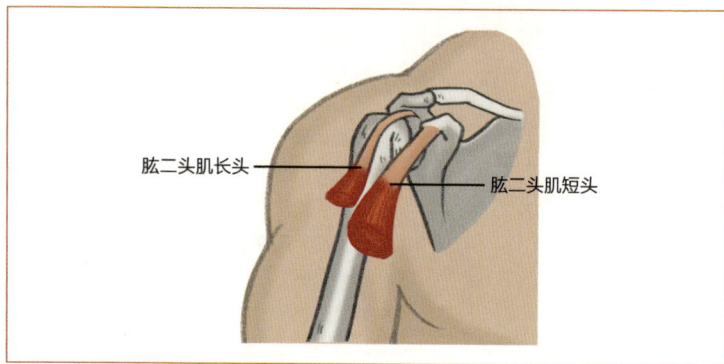

肱二头肌长头 ——   肱二头肌短头

图3.6

想象一下，假如不让肘关节屈曲，把肘关节硬生生固定住，这时候肱二头肌的长头一收缩，会拉着手臂怎么运动（可以想象用手拽着肱二头肌长头的肌腱，用力一拉）？

很显然，肘部固定的话，肱二头肌长头收缩会把手臂"拉起来"，形成肩外展的动作，也就是手臂侧平举的动作。当然，肩外展这个动作有很多肌肉参与收缩，主要的肌肉是肩部肌肉，但肱二头肌也会参与发力。

接下来再想象一下，肘部还是固定不动，肱二头肌的短头如果收缩，会拉着胳膊怎么动？答案就是一个肩内收的动作，也就是拉着胳膊往里走。

总结一下。肱二头肌除了屈肘之外，因为它还跨越了肩关节，所以也能让肩关节运动。但是肱二头肌的长头和短头在肩关节上的功能不一样，长头参与肩关节外展，短头参与肩关节内收。

这就对应到一个肱二头肌的训练知识。

我们通常认为，在杠铃弯举这个动作中（见图3.7），宽握更侧重于训练肱二头肌的短头，也就是内侧；窄握更侧重于训练长头，也就是外侧。但很多人想不明白原因，其实就是与肱二头肌对肩关节的作用有关。

图3.7

要进一步讲清楚原因，我们需要先了解一个知识——肌肉的长度—张力关系。详细讲会比较复杂，在这里我们只需要记住，肌肉的长度如果已经太短，那么这块肌肉收缩发力的能力就会受限制，这就是肌肉长度—张力关系最简单的描述。也就是说，如果肌肉本身处在一个缩短的状态，那么它能产生的力量就会小一些。

说回杠铃弯举。当我们宽握杠铃弯举的时候，其实上臂处于一个相对肩外展的状态。而因为肱二头肌长头能参与肩外展，所以在肩外展的状态下，肱二头肌长头的长度就比较短，这时就不利于长头发力。所以，宽握做肱二头肌弯举，短头一般就会更多地参与收缩，得到更大的刺激。

反过来，当窄握杠铃弯举的时候，肩部处于一个相对内收的状态，这时，肱二头肌的短头处于一个不利于发力的位置，所以一般就能更多地训练到长头。

别的训练动作也是一样，比如集中弯举（见图3.8）和龙门架肩外展弯举（见图3.9）。

图3.8

这两个动作都是训练肱二头肌的动作，但肩关节的状态（内收或外展）则完全不一样。于是，根据肌肉的长度—张力关系，这两个动作对肱二头肌的训练也各有侧重，集中弯举更侧重训练长头，龙门架肩外展弯举更侧重训练短头。

但是，关于肩关节状态对肱二头肌训练的影响，我们还要注意两点。

图3.9

❶不管是肩外展还是肩内收状态下的弯举，只是在训练侧重上有所不同，其都能同时训练肱二头肌的两个头，而不是某个动作只能练长头，或只能练短头。

❷我们在具体设计训练动作的时候，比如挑选训练肱二头肌的动作，就应该根据训练动作的不同侧重，来选择多样化的训练动作。选的动作不要都是在肩外展状态下，或者肩内收状态下。每一种状态下都选一两个动作，这样就能训练到肱二头肌的两个头。有的人总想在设计训练动作的时候选最优的，其实，根本没有所谓最优的训练动作，就看所选的几个动作搭配起来效果如何。

好了，我们知道了肱二头肌的最主要功能是让手臂弯曲。其次，因为它同时跨越了肩关节和肘关节，所以它还有一个功能是帮助手臂外展或内收。接下来讲肱二头肌的第三个功能——让前臂旋后。

大家应该还记得，我在这一章的第一节里讲过，肱二头肌是三关节肌肉，跨越3个关节。那么，除了肘关节、肩关节，肱二头肌还跨越了哪个关节呢？那就是桡骨和尺骨组成的桡尺关节，具体来说是桡尺关节的近端，也就是靠近肘关节的地方。我们看图3.10，桡尺关节就是红圈圈标注的关节。

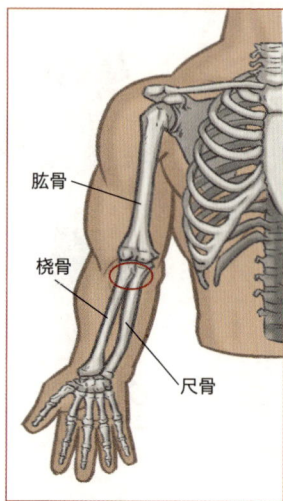

肱骨

桡骨

尺骨

图3.10

可能有人会问，这是个关节吗？大家不要认为关节就只能是一个球、一个窝的样子，只要是骨与骨之间的连接，都有可能形成关节。前臂的尺骨和桡骨就形成了关节，远端和近端各一个。

肱二头肌跨越了桡尺关节的近端，因此可以让前臂旋后。这里大家要回忆一下前臂旋后是什么动作，旋后就是让前臂"顺时针"旋转。具体来说，肱二头肌能让前臂旋后是因为肱二头肌远端连接在桡骨的靠内侧的一个位置（具体位置大家不用了解，意义不大），所以肱二头肌收缩，就能够拉动桡骨旋转，也就形成了前臂旋后。

肱二头肌让前臂旋后这个功能，对应到训练上，就是告诉我们在做肱二头肌弯举训练的时候，应该用什么"手形"。

图3.7所示是一个典型的杠铃弯举动作。这个动作是手心向上握杠铃。这种握法应该叫"正手"，因为与解剖位时手心的朝向一样。相反，还有人这么做杠铃弯举（见图3.11）——手心向下，反手握杠铃（注意，在运动解剖学和一般训练习惯里，对哪种是正手，哪种是反手，并没有统一的标准）。

图3.11

还有手掌处于中立位的、前臂不旋前也不旋后的动作，这种动作叫"锤式弯举"（见图3.12）。

图3.12

那么，这3种手形，哪种最适合训练肱二头肌呢？

从肌电研究的证据来说，答案是正手，即手心向上做弯举。因为正手就是前臂旋后的姿势，这时，肱二头肌合并了屈肘和前臂旋后两个动作，激活程度最高。我们可以做个小实验，分别在前臂旋前和旋后的情况下收缩肱二头肌，可以看出其在旋后状态下肌肉收缩的程度更高，在旋前状态下肱二头肌总是觉得"软软的"。

最后说一下肱二头肌拉伸的知识。我对肱二头肌讲得比较细致，大家琢磨一下，怎么拉伸肱二头肌效果最好？

答案是：手臂伸直，前臂完全旋前，同时上臂后伸。其实就像是从背后抓着手腕来制伏一个人的动作。大家试着做一下这个动作，能感受到明显的肱二头肌牵拉感。

原因很简单，因为拉伸一块肌肉，就是尽可能跟它的收缩动作反着来。肱二头肌的收缩功能是屈肘、前臂旋后，以及让上臂外展或内收（外展和内收的结合动作，其实就是让上臂前屈）。所以，伸肘、前臂旋前，同时让上臂后伸，就能最大限度地拉伸肱二头肌了。

3.4 其他肘屈肌——肱肌和肱桡肌

再简单讲一下另外两块主要的肘屈肌：肱肌和肱桡肌。我们先看这两块肌肉在哪儿。

肱肌也是一块重要的肘屈肌，它"埋"在肱二头肌后面（见图3.13），我们一般摸不到它。

肱肌的功能比肱二头肌简单多了，因为它是一块单关节肌肉，连接着肱骨和尺骨，只跨越了肘关节（严格来说，它还跨越了尺骨和桡骨组成的关节，但这没什么意义，因为它不会带来关节运动）。所以，它的功能就只是屈肘，没有别的功能。

因为肱肌和肱二头肌都是肘屈肌，所以有人觉得，如果前臂的位置对肱二头肌发力不利，就可能会让肱肌更多地发力，从而得到更好的训练。这么想似乎有道理，但实际上，还没有得到研究证明。其实，不管肱二头肌发力多少，肱肌一般都会"全力"收缩。

这就引出了另外一个知识点。

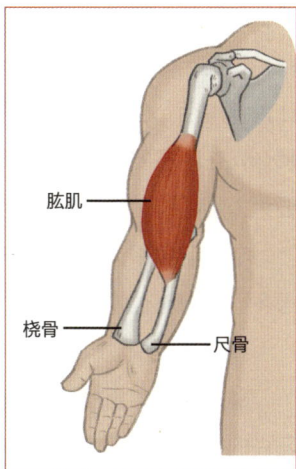

肱肌

桡骨

尺骨

图3.13

前面讲过"节约定律"。屈肘这个动作，如果需要的力量不大，那么身体一般只会收缩肱肌，而不会收缩肱二头肌。因为肱肌是一块单关节肌肉，它很简单，收缩只会带来一个关节的活动，就是屈肘。可是肱二头肌是多关节肌肉，它一收缩会带来屈肘、前臂旋后和肩关节运动。而如果你只要屈肘，不要前臂和肩关节活动，怎么办？只有一个办法，就是再同时收缩更多肌肉，把你不想要的肱二头肌的其他收缩效果抵消。

试一下就知道，这很简单。让你的手臂自然下垂，然后绷紧肱二头肌，这时，你摸摸肩部肌肉，尤其是后束，你会发现这些肌肉也收缩了。这就是拮抗肌的收缩。

拮抗肌收缩要消耗能量，身体不喜欢这种无意义的能量消耗。如果你只想屈肘，那么只使用肱肌是最划算的，因为它不会带来其他关节的运动，就不需要使用到其他拮抗肌。而只有在肱肌力量不够的情况下，肱二头肌才会被迫参与屈肘。

节约定律在前臂旋转时也能体现出来。我们知道，肱二头肌可以让前臂旋后，但除了它，还有很多小的单关节肌肉也能让前臂旋后。那么，在不需要很大力气的时候，肱二头肌就不会被激活，只有在需要大力旋后时，肱二头肌才会参与。

节约定律很重要，它表明身体要比我们想象的复杂得多，也聪明得多，肌肉怎么收缩，身体"自有安排"。

接下来再说肱桡肌，先看看它在哪儿（见图3.14）。

肱桡肌很容易找到。我们用一只手压着另一只手的手腕，同时被压住的手用力屈肘（见图3.15），肱桡肌就会显现出来。

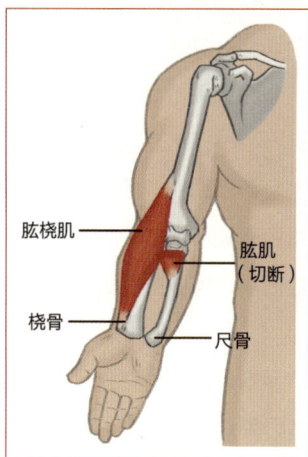

图3.14

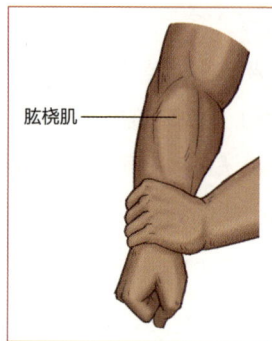

图3.15

肱桡肌连接着桡骨和肱骨，它除了有屈肘的功能，还有旋转前臂的功能。

肱桡肌旋转前臂有个特点，它既能让前臂旋前，也能让前臂旋后。具体来说，肱桡肌在前臂旋前的状态下可以让前臂旋后，在前臂旋后的状态下可以让前臂旋前。而当我们的前臂处于"中立位"时，肱桡肌则既不能让前臂旋前，也不能让前臂旋后。

3.5 几乎是唯一的肘伸肌——肱三头肌

接下来讲一下肘伸肌。肘伸肌中最重要的就是肱三头肌，或者可以说，肱三头肌是唯一的、有效的肘伸肌。

肱三头肌位于上臂的后侧，通常被形容成一块马蹄形的肌肉（见图3.16）。如果你喜欢胳膊健壮一点，那么肱三头肌的大小是很重要的。

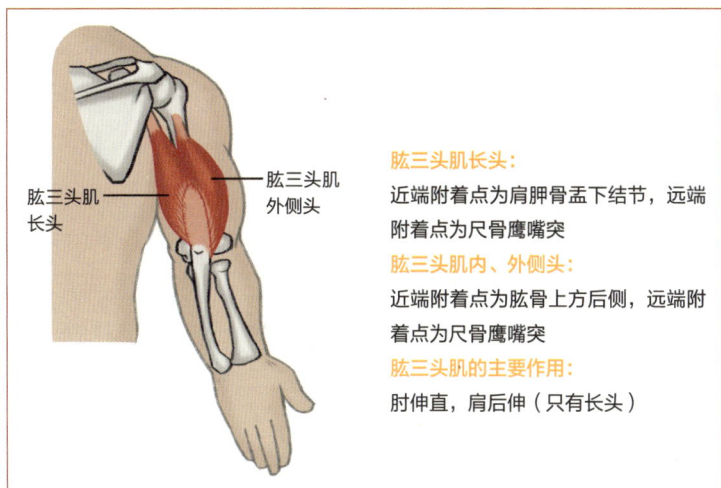

肱三头肌长头：
近端附着点为肩胛骨盂下结节，远端附着点为尺骨鹰嘴突

肱三头肌内、外侧头：
近端附着点为肱骨上方后侧，远端附着点为尺骨鹰嘴突

肱三头肌的主要作用：
肘伸直，肩后伸（只有长头）

肱三头肌长头

肱三头肌外侧头

图3.16

顾名思义，肱三头肌有3个肌头，分别是长头、外侧头和内侧头。靠近腋窝的地方是长头，靠近手臂外侧的是外侧头，内侧头基本上藏在长头和外侧头下面。

肱三头肌的远端都附着在前臂上，具体说是尺骨上。那么很明显，肱三头肌的作用是让前臂进行运动。同时，因为它在手臂后侧，所以它一收缩，手臂会从屈曲的状态伸直。

但肱三头肌近端的连接点比较复杂，其中两个肌头（内侧头和外侧头）连接着肱骨，也就是上臂。这样的话，这两个肌头仅仅跨越肘关节，功能很简单，仅仅是让手臂伸直（伸肘）。但是长头连接在肩胛骨上，那么就跨越了两个关节（肘关节和肩关节），功能就要复杂一点了。所以，总的来说，肱三头肌的功能是伸肘。但是因为长头的特殊构造，肱三头肌还有一个功能，就是让上臂靠近肩胛骨，也就是肩后伸（肩关节伸）。

肩关节从各个方向后伸都能用到肱三头肌的长头。比如以拉弓射箭为例，拉弓的那一只手臂，就有一个后伸的动作。还有，做引体向上这个动作的时候，上臂也有靠近肩胛骨的动作。所以，练背的大多数动作都能辅助训练到肱三头肌。

知道了肱三头肌运动功能，你就知道如何训练了。比如在一次训练课中，你要同时练肱三头肌和三角肌后束，那么就要先训练三角肌后束。而如果先练肱三头肌，肱三头肌必然会疲劳，这时候再练三角肌后束的动作，就会受到影响，这是因为肱三头肌长头过于疲劳而在预定重量下很难完成动作。

当然，说到这里，可能有人会想起增肌训练所谓的"预先疲劳法"——先让肱三头肌长头疲劳，会不会就能让三角肌后束获得更好的训练效果呢？关于这个问题，目前还缺乏研究依据。

下面再结合训练讲一下肱三头肌。

肱三头肌训练的基本动作可以归纳为两类，一类是伸的动作，比如各种姿势下的伸肘（见图3.17~图3.19）；还有一类是推的动作

前倾臂屈伸

图3.17

绳索过头臂屈伸

图3.18

（见图3.20～图3.23）。当然，推的动作本质上也是伸肘，只不过是结合了肩部的一些动作而做出来的复合动作。

坐姿哑铃颈后臂屈伸

图3.19

器械臂屈伸

图3.20

屈臂反撑

图3.21

双杠臂屈伸

图3.22

比如窄距卧推这个动作，只看肘关节，那它是个伸肘的动作，但再看肩关节，还是个肩关节前屈的动作。这两个动作一结合，就成了手臂往前推的动作了。

肱三头肌的训练动作很多，我们选择的时候有什么讲究吗？有。这与之前讲过的长度—张力关系有关。如果肌肉的长度比较短，那么它就不容易发挥出较大力量。

窄距卧推

图3.23

　　肱三头肌的3个肌头，其中的长头是连接在肩胛骨上的，有让手臂后伸的作用。那么在手臂后伸状态的时候，长头的长度就比较短。所以，这时候再做伸肘的动作，内侧头和外侧头就被迫需要更卖力地收缩。所以，如果我们想要更好地训练内侧头和外侧头，那么就可以做一些肩部后伸状态下的屈肘动作，比如器械臂屈伸、屈臂反撑、双杠臂屈伸等。

　　反过来说，因为肱三头肌长头有让胳膊后伸的功能，那么我们让胳膊处于前屈状态，这时长头被拉长，更有利于它收缩发挥力量。所以，我们在胳膊前屈状态下做伸肘动作，就能更好地训练长头，比如仰卧臂屈伸（见图3.24）。

　　当然，手臂举于头部上方的动作也属于这类动作，比如坐姿哑铃颈后臂屈伸。

　　还有一类动作，胳膊近似于自然下垂，那么这类动作能训练到肱三头肌的3个头，比如绳索下压（见图3.25）。所以，肱三头肌训练动作很多，这些动作都能训练到肱三头肌的3个头，至于侧重于哪个肌头，主要看肩关节的状态，这是关于肱三头肌训练非常重要的一点。

仰卧臂屈伸

图3.24

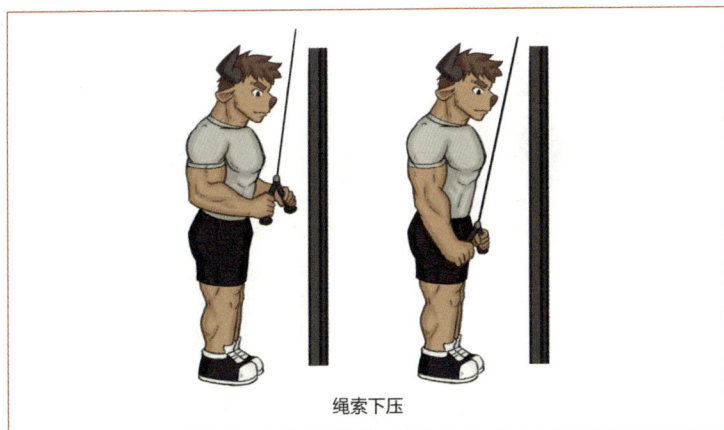

绳索下压

图3.25

你是不是有这样的困惑……
觉得自己明明吃得很少，
却还是瘦不下来

是啊！

或者觉得自己吃得很多，
却根本不长肉

好好，知道你要鄙视我了。

是体质？是基因？
还是谁偷偷给我夹了肉

罪恶的红烧肉，我才不想吃！

我自己的肉要自己做主！

吧唧吧唧吧唧

真香！

如何做主？我们需要一把标尺！

标尺

一天的能量消耗，
就是我们需要的标尺

为理解能量消耗
我们先说一个基础概念
——基础代谢率（BMR）

基础代谢率
（basal metabolic rate, BMR）指人体为维持生命，所有器官运作所需要的最低能量。

这次字不多！

基础代谢率占到
整体能量消耗的
50%~70%

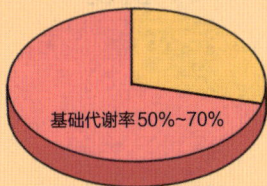

基础代谢率50%~70%

整体能量消耗

那基础代谢率
怎么算呢？

要那么精准吗？

大牛，我要精准测量我的基础代谢率！精准！

精准地测定基础代谢率
需要十分复杂的工序

专业的设备

清醒又安静的状态

适宜的温度

不受肌肉活动影响

不受精神紧张影响等

测 量

对我们普通人来说，
估值就已经足够作为参考了！

与其搞清楚精准的数值，不如少吃一口手中的薯片。

……

为了计算估值，
大牛推荐一个适合中国人的计算公式
——毛德倩公式

毛德倩公式

基础代谢率：
男：（48.5×W+2954.7）/4.184
女：（41.9×W+2869.1）/4.184
（W=体重，单位：千克）

大牛的基础代谢率：
（48.5×80+2954.7）/4.184≈1633.5大卡

我的体重是80千克，根据毛德倩公式计算出我的基础代谢率约为1633.5大卡。

**通过这个公式，
我们的基础代谢率
就估算出来了**

知道基础代谢率之后，
再结合这个**活动因子**表格

生活方式	职业或人群分类	活动因数
长期卧床	老年人或卧床病人	1.2
经常久坐，躺着玩手机	白领、宅男宅女	1.4~1.5
会久坐，但也有时间走动	学生、司机	1.6~1.7
经常站立，经常来回走动	前台、接待、销售	1.8~1.9
重体力劳动	工人、农民、运动员	2.0~2.4
热爱健身（每周3~5次，每次40分钟以上）		+0.3

大牛一天的能量消耗：
1633.5×（1.5+0.3）=2940.3大卡

我是宅男，每周进行5次锻炼，根据表格可以计算出我的每日能量消耗约为2940.3大卡。

**通过这个公式，我们
一天的能量消耗
也估算出来了**

试着估算下你一天的能量消耗吧！

我也要！

第 **4** 章

肩复合体与肩、胸、背部肌肉

4.1 为什么说"肩、胸、背不分家"

这一章的标题出现了"肩复合体"这个概念,我先解释一下,什么叫"肩复合体"。

简而言之,肩复合体就是指与肩部运动有关的骨骼、关节和肌肉。这也意味着我们肩部的运动,其实不仅是肩部肌肉收缩产生的,很多肌肉的收缩也能带来肩部的运动,它们是一个复杂的体系。

肩部十分重要的部分是三角肌,就是图4.1所示的肌肉。除了三角肌之外,肱二头肌和肱三头肌长头也都跨越肩关节,会带来肩部的运动。其他能带来肩部运动的小肌肉,比如大圆肌、小圆肌、冈上肌、冈下肌、肩胛下肌、喙肱肌等,都属于肩复合体。

还有两块非常重要的大肌肉,也属于肩复合体,就是胸大肌和背阔肌。胸大肌、背阔肌的收缩,会带来肩部的运动。把肩部肌肉和胸、背部肌肉分开讲，很多问题讲不清楚，所以说"肩、胸、背不分家"。

三角肌

图4.1

　　下面，我们先从宏观上简单了解一下胸大肌和背阔肌（见图4.2、图4.3）。

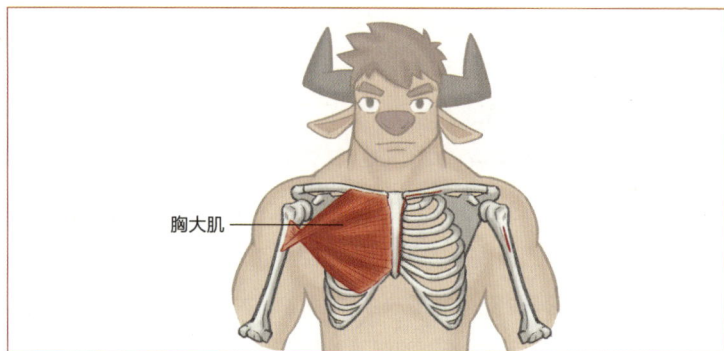

胸大肌

图4.2

　　胸大肌和背阔肌虽然在胸部、背部，但是这两块肌肉远端连接的是胳膊。所以它们一收缩，就会让胳膊靠近胸部和背部，也就产生了肩部运动。

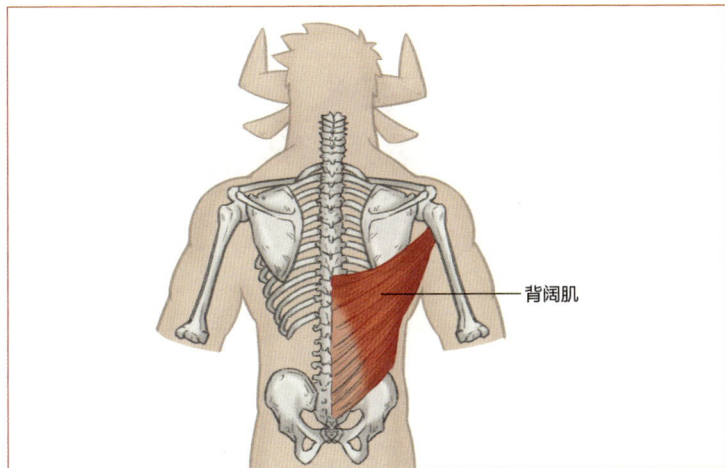

背阔肌

图4.3

很多刚接触健身的同学会有一种错误的认识，他们往往觉得，身体哪个部位活动，那么哪个部位的肌肉就会收缩。其实，肌肉收缩产生的作用，在很多情况下，往往都是"前进"一个关节。

什么意思呢？比如上一章已经讲过手臂，我们知道，上臂肌肉收缩的结果，主要不是让上臂运动，而是让前臂运动（比如肱二头肌、肱肌的收缩），这就叫"前进"了一个关节。

同样，胸部和背部的肌肉收缩，也不是让胸、背运动，而是"前进"一个关节，让肩部运动。说起俯卧撑，大家都知道主要是练胸的。但有些健身新手会想不通：为什么俯卧撑明明是胳膊活动，却是练胸的呢？这就是因为他们不了解肌肉"前进"一个关节的原理。

好了，下面我们再来看看三角肌（见图4.4）。三角肌连接着肩膀和上臂。那么三角肌收缩，带来的自然也是胳膊的运动，具体来说，就是让胳膊靠近肩膀。

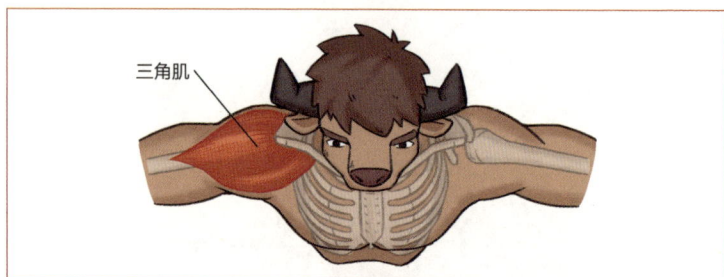

三角肌

图4.4

有人可能不明白，胳膊怎么靠近肩膀呢？从视觉上看，肩膀和胳膊好像长在一块儿，但其实它们是分开的："胳膊"由肱骨、尺骨和桡骨组成，"肩膀"主要由肩胛骨组成。胳膊是连接在肩膀上的，形成的关节就是肩关节。关于这些内容，后面都会详细讲。

我们接下来复习一下怎么描述肩部的各种运动。

肩部是一个灵活度非常高的身体部位，它可以在身体的冠状面、矢状面和横切面进行运动。肩部在矢状面上的运动，主要是屈和伸。肩关节屈曲（或者叫屈肩），就是一个胳膊从前面抬起的动作。

手臂自然下垂，放在身侧，相当于没有屈曲，是0度。手臂向前平伸时，肩关节屈曲90度（见图4.5）。而手臂完全举到头顶时，肩关节屈曲180度，也叫肩关节完全屈曲。

手臂从屈曲状态"放下来"叫肩关节伸展（见图4.6）。手臂已经自然下垂了，再往后伸展可以叫"过伸"。过伸其实也是伸展，一般不用区分"伸展"和"过伸"。

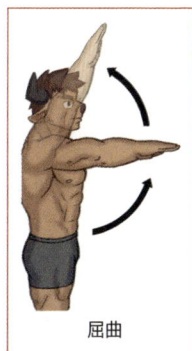

屈曲

图4.5

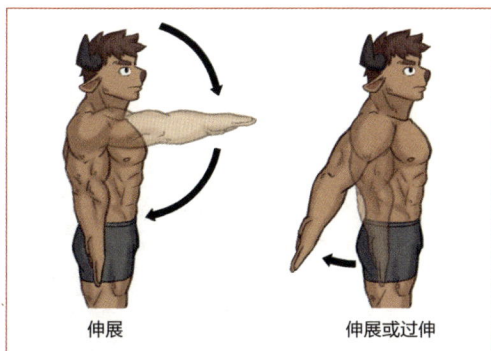

伸展   伸展或过伸

图4.6

之前讲过，肩部在冠状面上的运动，主要是外展和内收（见图2.7）。肩部在横切面上的运动主要是水平外展和水平内收（见图2.9），其实也就是我们常说的"扩胸运动"。在横切面上，肩关节还可以内旋和外旋（见图2.13）。

这一章讲肩复合体，其中肌肉部分主要讲胸大肌、背阔肌和三角肌，除此之外还会简单讲一些肩复合体当中的肩袖肌群等。

4.2 肩复合体的骨骼和关节

好了，下面还是按照老规矩，先讲骨骼和关节，最后讲肌肉。

肩复合体的骨骼和关节比较复杂，大家记住，主要有4块骨、4个关节（见图4.7）。4块骨，包括肩胛骨、肱骨、胸骨和锁骨。4个关节，包括肩关节（也就是盂肱关节）、肩锁关节、胸锁关节、肩胛胸壁关节（图中未标注）。

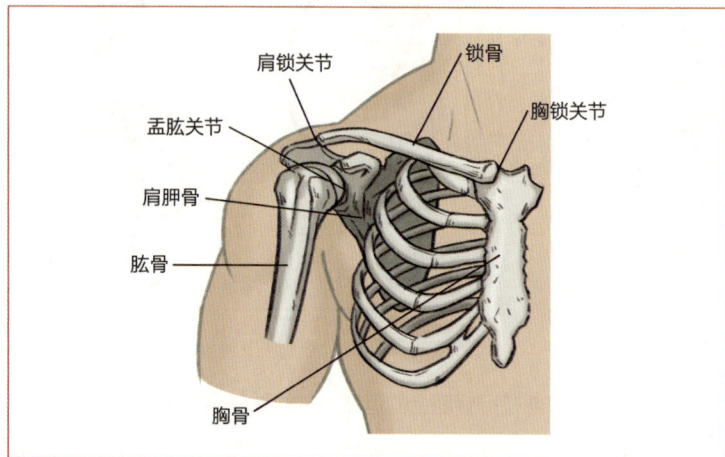

图4.7

　　上臂的肱骨是怎么跟躯干连接的呢？也就是说，我们的胳膊是怎么跟身体连在一起的呢？这一点很多人不知道。其实，肱骨并不直接跟躯干连在一起，而是先连着肩胛骨，通过肩胛骨再跟躯干连在一起。也就是说，我们的胳膊不是直接连在身体上的，而是先连着肩胛骨，肩胛骨再连着身体。

　　人体为什么要这样设计呢，胳膊和身体之间还得有一个"中介"——肩胛骨？因为这样设计，胳膊会更灵活。胳膊和肩胛骨之间能进行运动，肩胛骨和身体之间也能进行运动，那么胳膊和身体之间的运动范围更大。

肱骨和肩胛骨连接，形成的关节就叫盂肱关节，也就是我们平时说的肩关节。为什么叫盂肱关节？"肱"当然是肱骨，"盂"是什么？"盂"其实就是肩胛骨上的一个小坑，这个坑叫"关节盂"，肱骨头就嵌在这个坑里（见图4.8）。

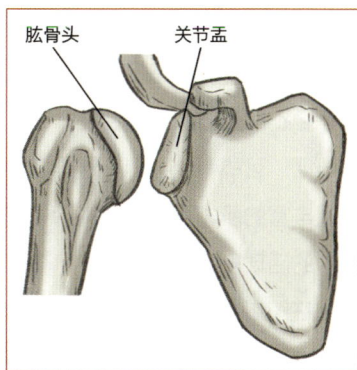

图4.8

但要注意，肩胛骨的关节盂很浅，肱骨头大概有3/4是露在外面的。所以，盂肱关节其实很不结实，也就是说，稳定性不好。

肩关节不是靠关节之间的咬合维持稳定，而是主要靠周围的肌肉和韧带。也就是说，关节之间连接得并不紧，主要靠周围的肌肉和韧带把两块骨压在一起、缠在一起。

其中，肌肉起到了更重要的作用。这些肌肉在肩关节附近形成一圈"活韧带"，就像袖子一样，所以这些肌肉也被称为"肩袖肌群"。这样设计的缺点是肩关节不是很稳定，比如我们经常听到的肩关节脱臼。但这样设计的好处是，肩关节的活动度比较高。大家记住，人体的骨骼肌肉设计，稳定度和灵活度一般不可兼得。

好了，肱骨就是这样连接在肩胛骨上的，形成了肩复合体的第一个重要关节——盂肱关节。接着，肩胛骨又连接着躯干，形成了肩复合体的第二个重要关节——肩胛胸壁关节。

不过严格来讲，肩胛胸壁关节不算是一个真正的关节，但此处我们就把它当成一个关节来看。

我们的躯干就像一个圆柱形的罩子，这个罩子是由一圈圈肋骨形成的。肩胛骨其实是相当于"扣"在这个罩子上的。肩胛骨与罩子之间不像别的关节那样咬合在一起，肩胛骨可以在罩子上左右滑动，非常灵活。可能有人会想，这样它不会掉下来吗？这主要还是靠肩胛骨周围丰富的肌肉和韧带把肩胛骨和躯干连接在一起，但又给了肩胛骨相当的活动度。

在第2章简单介绍过肩胛骨的活动（见图2.17），主要有6个维度，其实也简单，就是上下、前后和旋转。肩胛骨周围的肌肉让肩胛骨在6个维度上都能运动，当然，也从6个维度上把肩胛骨稳定住。但有时候，其中某部分肌肉发不出力量，就可能让肩胛骨从胸廓上局部"脱离"。比如翼状肩胛，就是肩胛骨的内侧离开了胸廓，更形象的理解就是肩胛骨里头翘起来了。

但我们也要注意，我们不要轻易说这儿的肌肉无力，那儿的肌肉无力。实际上，真正的肌肉无力还是很少的，如果能正常生活，一般不会有太大问题。只是有的人因为某些病理性的原因，造成某些肌肉瘫痪或无力，这样才会引起问题。也就是说，多数时候肌肉无力往往是病理性的。而现在的健身人群喜欢把肌肉无力泛化，这都是错误的。

肩复合体的另外两个关节分别是肩锁关节和胸锁关节，它们都跟锁骨有关。

锁骨是一根略微呈S形的骨头，靠外的一头连接着肩胛骨，它们之间形成的关节就叫肩锁关节，这个连接有稳定肩胛骨的作用。

锁骨靠内的一头连在胸骨上（胸骨就是我们前胸正中的骨头），胸骨和锁骨之间形成的关节就是胸锁关节。

　　肩复合体的4个关节是一个系统，一般来说，上肢做动作时这4个关节都会配合运动（见图4.9）。

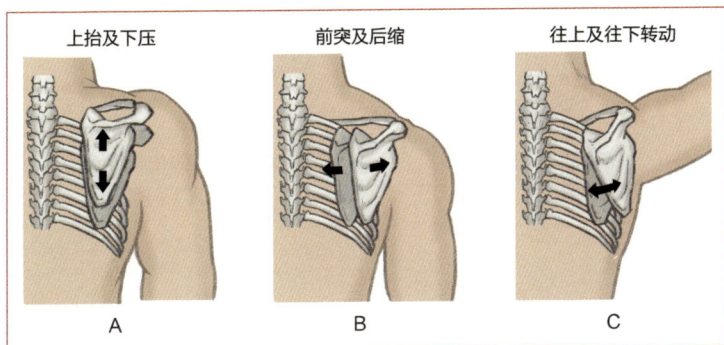

图4.9

　　我们看图4.9A，能看到肩胛骨上下活动，锁骨外侧连在肩胛骨上，所以它也会跟着活动。大家摸着自己的锁骨，动动肩膀，感受一下锁骨的运动。同时，在这个动作里，盂肱关节也有运动。做图4.9B中的动作也是一样，4个关节都一起进行了运动。

　　我们再看图4.9C，在抬胳膊的时候，也就是肩关节外展的时候，不仅是肱骨运动，只要胳膊抬得够高，肩胛骨也会向外旋（同时，肩锁关节、胸锁关节也会运动）。

　　反过来说，如果我们做肩关节外展的时候，肩胛骨不动，只有肱骨动，那么肩膀就不可能抬得很高，它会在大概60度的时候被肩峰"卡住"（见图4.10）。

　　好了，关于肩复合体里的骨骼和关节，我们掌握这么多就可以了。

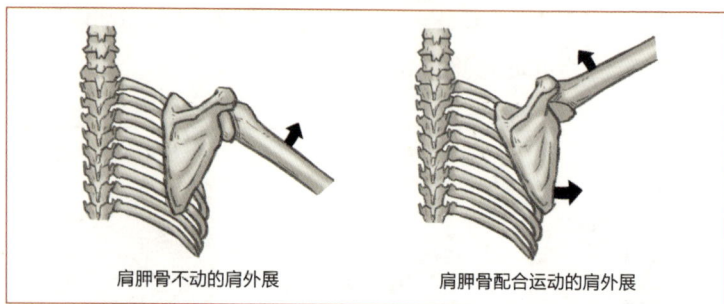

肩胛骨不动的肩外展　　　　　肩胛骨配合运动的肩外展

图4.10

4.3 胸大肌的运动解剖学和训练动作剖析

这一节讲肩复合体的具体肌肉，先讲胸大肌。

我们先看一下胸大肌的解剖图（见图4.11），看看它的两头都连在哪儿。很明显，胸大肌的近端连在胸骨和锁骨上（和一部分肋骨

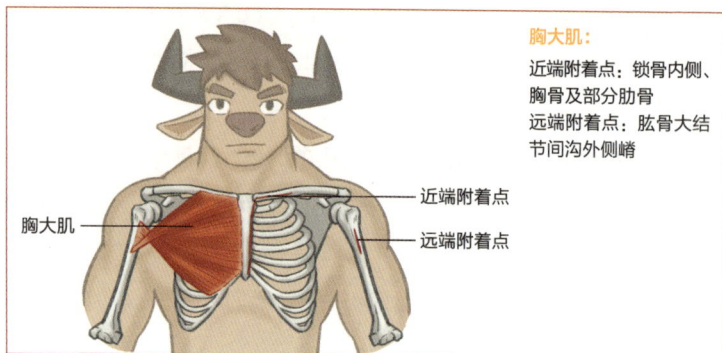

胸大肌：

近端附着点：锁骨内侧、胸骨及部分肋骨

远端附着点：肱骨大结节间沟外侧嵴

胸大肌 —— 近端附着点

—— 远端附着点

图4.11

上），远端连接在肱骨上。

胸大肌的基本运动是什么？很简单，胸大肌收缩会让上臂和胸部靠近。比如在我们日常生活中，拥抱就是一个典型的胸大肌收缩的运动。胸大肌的基本功能就是完成像拥抱一样的动作，所以，胸大肌的训练动作的运动轨迹与拥抱差不多。

我们先看胸大肌的基本训练动作之一——夹胸（见图4.12、图4.13）。能发现，不管是器械夹胸，还是用哑铃夹胸（哑铃飞鸟），动作的本质都是一样的，都是拥抱的动作。

图4.12

图4.13

胸大肌的另一个基本训练动作——推胸，比如我们熟悉的卧推（见图4.14）。

图4.14

俯卧撑是卧推的变形动作，与卧推在本质上是一样的（见图4.15）。两者的区别：卧推是身体不动，两手推出去；俯卧撑是两手不动，身体上下移动。对比一下，本质上都是一个动作。

图4.15

在这个地方我们复习一下之前讲过的概念，近固定和远固定。很显然，卧推就属于近固定的动作，身体的近端固定不动，远端运动，叫"开链动作"；俯卧撑就属于远固定的动作，远端固定不动，近端运动，叫"闭链动作"。

刚才说，胸大肌的基本功能就是让上臂和胸部靠近，做拥抱的动作。夹胸，很显然符合这个运动轨迹，那么推胸呢？

推胸其实也不例外。我们仔细观察推胸这个动作，如果只看上臂，你会发现，推胸和夹胸这两个动作就是一样的。

不管是夹胸，还是推胸，基本的运动都是上臂靠近胸部。只不过，推胸比夹胸多了一个肘关节的运动。也就是说，推胸是在上臂靠近胸部的动作上，合并了一个肘关节伸直的动作。

伸直肘关节的过程中，主要的参与肌肉是肱三头肌，所以卧推这个动作不但能训练胸大肌，还能训练肱三头肌。所以，大家以后在学习肌肉训练动作的时候，应该先掌握肌肉的基本功能，再提炼肌肉训练动作的基本动作，最后再学习其他训练动作。

我们仔细看胸大肌就会发现，胸大肌是一块很大的呈扇形的肌肉，它的肌纤维不是平行的，而是呈扇形分布的。一般来说，胸大肌可以分成胸骨部分和锁骨部分，如图4.16所示，胸大肌的近端，一部分连接着胸骨，一部分连接着锁骨。连接着胸骨的部分，

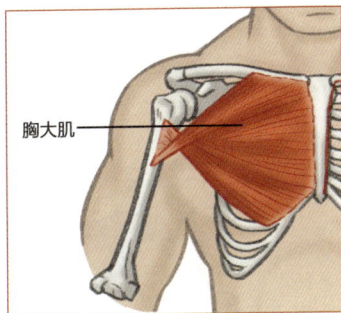

胸大肌

图4.16

肌纤维是基本呈水平分布和向斜下方的；连接着锁骨的部分，肌纤维是向斜上方的。

习惯上，胸大肌的胸骨部分，我们叫它中下部胸大肌；锁骨部分，我们叫它上部胸大肌。也就是说，胸大肌有上、中、下3条力量线。

于是，胸大肌的基本功能是上臂靠近胸部，可以从斜上方靠近，也可以水平靠近，还可以从斜下方靠近。

还是以拥抱这个动作为例，胸大肌不仅能让双臂做"水平拥抱"，还可以让双臂完成"上斜拥抱"和"下斜拥抱"。更形象地说，胸大肌让双臂在身前上方完成拥抱，很像一个小孩踮起脚尖拥抱一个大人；而在身前下方完成拥抱，就像一个大人俯身拥抱孩子。

因为胸大肌的力量线有3条，能完成3种拥抱，所以胸大肌的两个基本训练动作又可以各自分成3种，一共形成6种变形动作，即上斜夹胸、水平夹胸、下斜夹胸、上斜推胸、平板推胸、下斜推胸。

我们来看看这些训练动作。

先看夹胸动作——哑铃飞鸟。如果在上斜板上做，就成了上斜飞鸟，是一个上斜夹胸的动作（见图4.17）。

图4.17

绳索夹胸也一样，双臂明显收在胸部上方，而不是水平内收在胸前，属于上斜夹胸（见图4.18）。双手明显在胸部下方收拢，就是下斜夹胸（见图4.19）。

图4.18

图4.19

推胸也一样，利用斜板，我们可以完成上斜和下斜推胸（见图4.20、图4.21）。

有的人在练习平板卧推时，很纠结杠铃应落在什么位置。很多人说，杠铃在落下去时，杠铃杆必须与乳头的连线重合。其实不一定非要这么严格。

图4.20

图4.21

　　杠铃杆稍微落得靠上一点，就会侧重训练上部胸大肌；落得靠下一点，就会侧重训练下部胸大肌。需要强调的是，杠铃下落的位置可以稍微高或稍微低，这都不算错，但不要落得太高或太低，否则会增加受伤风险。因为如果真的要改变卧推的训练侧重，我们可以做斜板卧推。

　　下面再说说俯卧撑这个动作。

前面讲过，俯卧撑跟卧推没有本质区别，它就是把卧推反过来做的动作。俯卧撑也可以做上斜与下斜的变形（见图4.22、图4.23）。

图4.22

图4.23

那么，上斜俯卧撑手高脚低，训练侧重在上胸还是中下胸呢？其实很简单，看肘部的运动轨迹就可以了。上斜俯卧撑的肘部的运动轨迹偏向下，所以更偏重训练中下部胸大肌。下斜俯卧撑的肘部的运动轨迹偏向上，所以更偏重训练上部胸大肌。

接下来介绍两个比较特殊的胸大肌训练动作，一个动作是双杠臂屈伸（见图4.24）。

双杠臂屈伸这个动作在第3章讲过，是一个训练肱三头肌的动作，因为它有一个伸肘的动作。但是，它也有上臂靠近胸部的运动，所以这个动作也有练胸的作用。那具体锻炼的是胸大肌的哪个部位呢？我们看肘部的运动轨迹。在动作过程中，肘部从身体后上方向前下方运动，所以偏重

图4.24

训练下部胸大肌。同时注意，做双杠臂屈伸动作时，上身前倾侧重胸大肌训练；上身稍微向后仰，直上直下，侧重训练肱三头肌。

单杠臂屈伸（见图4.25）类似于双杠臂屈伸，训练胸大肌的效果也不错，而且我们看肘部的运动轨迹可以判断，这也是一个训练下部胸大肌的动作。

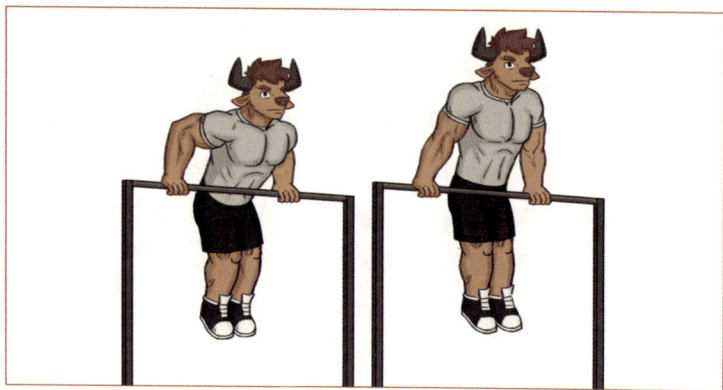

图4.25

另一个特殊的胸大肌训练动作是仰卧哑铃提举，就是下面这个动作（见图4.26）。通过这个动作给大家讲解一下胸大肌除了拥抱之外的一个运动功能。

图4.26

我们说，胸大肌的基本训练动作是夹胸和推胸，本质上就是拥抱的动作。但仰卧哑铃提举似乎既不是夹胸，也不是推胸，而是一个肩关节从屈曲到伸展的动作，那么它为什么也是一个训练胸大肌的动作呢？

其实，我们仔细看这个仰卧哑铃提举的动作，它也符合胸大肌训练动作的基本轨迹，就是上臂靠近胸部。我们可以试一下，当我们像动作的起始部分那样上举双手，能感觉到明显的胸大肌拉伸感，因为这时上臂远离胸部。那么回缩时，胸大肌自然会收缩。

好了，那大家现在进一步思考一下，这个胸大肌训练动作重点训练胸大肌的哪一个部分呢？答案是下部胸大肌。我们再来看一下胸大肌的解剖图（见图4.27）。

注意看胸大肌的3个部分的力量线，其中先看下部胸大肌的力量线，它是向斜下方的。想象一下，如果手臂做屈曲的动作，那么就是把下部胸大肌拉长了。所以，下部胸大肌收缩，可以让胳膊从上举的状态下收回，也就是完成一个肩关节从屈曲到伸展的动作。

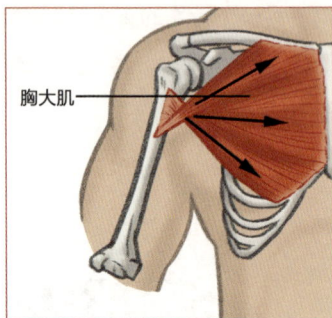

胸大肌

图4.27

所以，仰卧哑铃提举这个动作能训练胸大肌，而且主要训练下部胸大肌。

那我们再看一下上部胸大肌，它的力量线与下部胸大肌正好相反，是向斜上方的。所以，想象一下我们就能发现，上部胸大肌可以让肩关节屈，做前平举的动作。

胸大肌除了拥抱之外的运动功能，就是让肩关节屈和伸，也就是把胳膊从前面抬起来和压下去。因为胸大肌上部附着点在锁骨上，所以，它能让肩关节屈。但是如果屈的角度太大，它就用不上了。一般来说，胸大肌上部在肩关节屈的前30度发挥的作用较大，在60度内都会发挥作用，超过90度基本就不再发挥什么作用了。

现在，我们能得出两个结论。

❶胸大肌除了拥抱之外，还有让肩关节屈和伸的功能，只不过，这个功能不是胸大肌的主要运动功能。

❷在肩关节屈和伸的功能上，胸大肌的上部和下部其实是一对拮抗肌，它们的功能是正好相反的。

4.4 背阔肌的运动解剖学和训练动作剖析

讲完胸大肌，下面讲肩复合体的另一块重要肌肉——背阔肌。我们还是先看一下背阔肌的解剖图（见图4.28）。

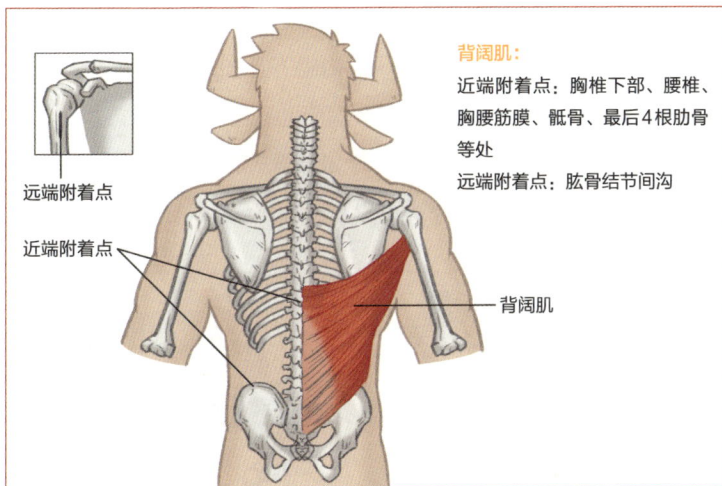

背阔肌：
近端附着点：胸椎下部、腰椎、胸腰筋膜、骶骨、最后4根肋骨等处
远端附着点：肱骨结节间沟

远端附着点
近端附着点
背阔肌

图4.28

了解背阔肌，我们仍然先看它的附着点。总的来说，背阔肌从身体后侧连接着胳膊和躯干。它在躯干上的附着点是在后背靠下的部位和腰上。具体来说，它一部分附着在胸椎下部和腰椎上，一部分附着在骶骨上，还有一部分附着在最后4根肋骨上。

注意，背阔肌还有一部分附着在胸腰筋膜上，关于胸腰筋膜，第5章会讲。但总的来说，背阔肌在躯干上的附着点集中在后背靠下的部位和腰部（以下统称"腰背"）。

　　背阔肌在胳膊上的附着点是在肱骨上，而且要注意，是在肱骨的前侧。也就是说，我们从后面看不到背阔肌在胳膊上的附着点，从前面才能看到。这就好像我们让手臂自然下垂，然后把一根弹力绳的一头连接在腰背，另外一头绕到手臂前面，大概连接在肱二头肌的位置。这时我们想一下：弹力绳收缩会形成什么样的肩部动作？

　　拽着胳膊往里旋转，也就是让肩部内旋，大家想象一下这个动作。所以，背阔肌有一个次要功能——肩内旋。但总的来看，因为背阔肌连接着胳膊和腰背，所以它的主要功能还是让胳膊靠近腰背。

　　胳膊靠近腰背的方式有两种，一是胳膊从前向后靠近腰背，比如"划船"类动作（见图4.29～图4.32）。

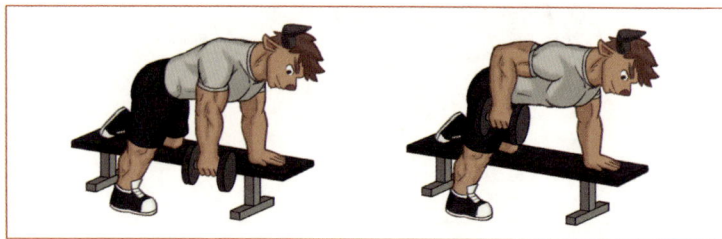

图4.29

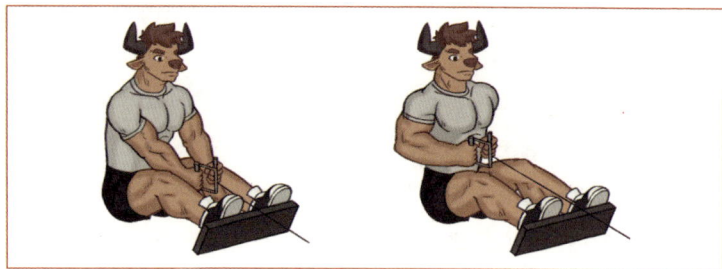

图4.30

图4.31

图4.32

二是"下拉"类动作（见图4.33）。显然，这也是让胳膊靠近腰背，是让胳膊从上向下靠近腰背。

图4.33

还有一个背阔肌的有效训练动作——引体向上（见图4.34）。其本质上与高位下拉一样，只不过高位下拉是近固定，引体向上是远固定。

图4.34

划船和下拉，一个是胳膊从前向后靠近腰背，一个是胳膊从上向下靠近腰背，都是胳膊靠近腰背的动作。这两个动作也是背阔肌的两个基本训练动作，背阔肌的众多训练动作基本都是这两个动作的变形。

背阔肌训练动作的变形主要在手握的宽窄和方向（见图4.35）。比如坐姿划船可以变形出6种动作，包含3种不同的握距和3种手的不同方向。这6种变形动作在背阔肌本身的训练上，其实没有特别大的差别，更多是对背部其他小肌群的刺激有所差异。可是，很多人夸大了手形变化的差别，比如经常有人说，宽握是练背的宽度，窄握是练背的厚度，此类说法毫无依据。但因为这类说法具备戏剧性的特点（它把训练戏剧化了），很吸引人，所以流传很广。

背阔肌的训练动作里，除了划船和下拉两个基本动作之外，还有一个训练动作比较特殊——直臂下压（见图4.36）。

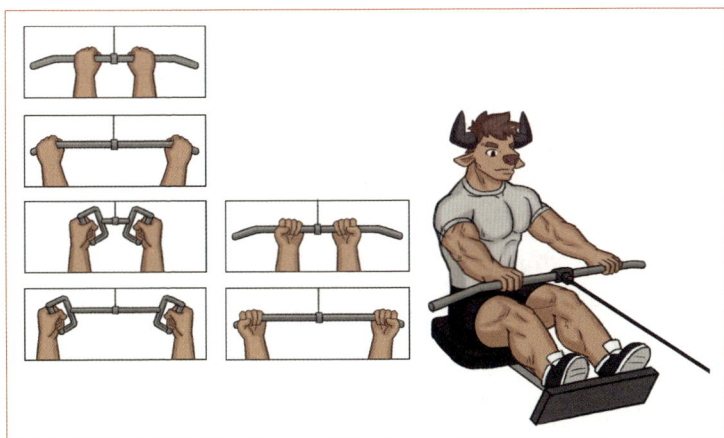

图4.35

图4.36

　　很明显，这也是一个胳膊靠近腰背的动作，只不过，胳膊需划出一个弧度靠近腰背。这个动作是一个肩关节伸展的动作，细心的读者可能会发现，它与练胸的仰卧哑铃提举（见图4.26）很像。

其实，这两个动作都既能练胸大肌，也能练背阔肌，但是侧重不同。直臂下压能更好地训练背阔肌，仰卧哑铃提举则更侧重训练胸大肌。这两个动作的差别是在起始动作，手臂举起的高度不同。直臂下压不需要像仰卧哑铃提举那样，在做起始动作时，把手臂举得那么高（当然，举高也不算错，无非是相当于顺便练了胸大肌）。而且，这两个动作的结束动作也不一样，直臂下压的结束动作是肩关节伸展到0度的位置，而仰卧哑铃提举的结束动作是肩关节屈曲90度的位置。

这是因为胸大肌和背阔肌都能让肩关节伸展，但是在从肩关节屈曲180度的状态下，往回伸展到90度这个过程中，胸大肌能发挥很大的作用。而在从肩关节屈曲90度往回伸展到0度这个过程中，胸大肌能发挥的作用就有限了，背阔肌更适合在这个过程中发力。

好了，接下来再简单讲一下斜方肌。我们看斜方肌的解剖图（见图4.37）。

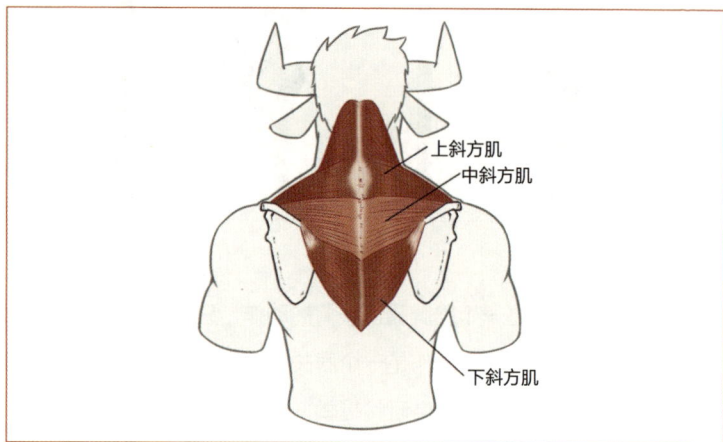

图4.37

简单地说，斜方肌远端连着肩膀，近端连着颈部和脊柱靠上的部分。而且，斜方肌很大，肌纤维的走向也不是都朝着同一个方向，所以斜方肌分成上、中、下3部分。

上斜方肌连着肩膀和颈部，力量线斜向上，所以它的作用是让肩膀靠近颈部，即耸肩。中斜方肌让肩膀往内收，下斜方肌让肩膀往下压。如果上、中、下斜方肌同时收缩，与中斜方肌收缩的动作一样，都是让两侧肩膀往内收。这也很好理解，3个方向的合力就是水平方向。

总的来说，斜方肌的重要作用就是让肩膀往内收，稳定肩胛骨。所以，斜方肌力量不足或容易疲劳的话，尤其是中斜方肌和上斜方肌，就容易形成肩膀往前探的"圆肩"体态。

4.5　三角肌的运动解剖学和训练动作剖析

接下来讲肩部三角肌。我们还是先看解剖图（见图4.38）。

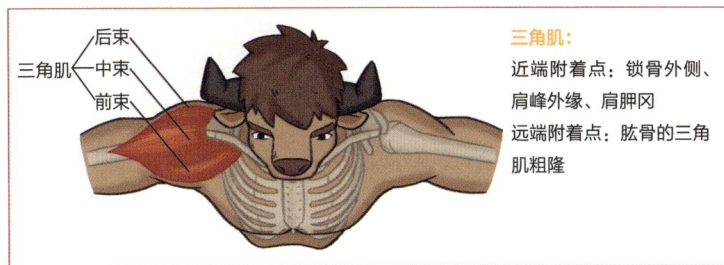

三角肌——后束
　　　　　中束
　　　　　前束

三角肌：
近端附着点：锁骨外侧、肩峰外缘、肩胛冈
远端附着点：肱骨的三角肌粗隆

图4.38

对照解剖图，我们看三角肌的附着点。三角肌的近端附着在肩胛骨和锁骨上，远端附着在肱骨上，也就是上臂。前面也讲过，三角肌连接着肩膀和胳膊，它的整体功能是让上臂靠近肩膀，即抬胳膊。所以，肩部训练的基本动作其实也就是抬胳膊，比如前平举、侧平举、俯身平举等，只不过方向不同。

训练三角肌的基本动作就是抬胳膊，但为什么练三角肌需要往前、中、后不同方向抬胳膊呢？因为三角肌可以分成3个部分：前束、中束、后束（见图4.39）。三角肌在肩膀的前、中、后3个方向都有抬胳膊的功能。也就是说，三角肌的整体作用是抬胳膊，但三角肌前束的作用是偏重让胳膊从前面抬起来，也就是一个肩关节屈的动作；三角肌中束偏重让胳膊从中间抬起来，是个肩关节外展的动作；三角肌后束偏重让胳膊从后面抬起来，是个肩关节伸的动作。

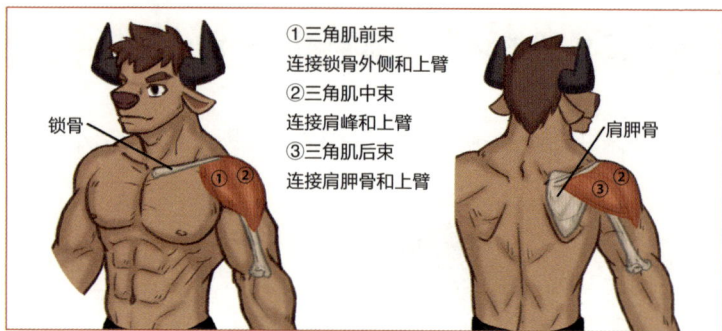

①三角肌前束
连接锁骨外侧和上臂
②三角肌中束
连接肩峰和上臂
③三角肌后束
连接肩胛骨和上臂

锁骨

肩胛骨

图4.39

但这里大家要注意，三角肌前、中、后束的功能不是相互分开的，不是说前束就只管让胳膊从前面抬起来，它也能让胳膊从中间抬起来。三角肌是一个整体。只不过，如果胳膊从前面抬起来，那么就更多地用到前束。

再讲一下三角肌相对次要的功能。

三角肌除了抬胳膊这个主要功能之外，三角肌前束还有让肩关节水平内收的作用，肩关节后束还有让肩关节水平外展的作用（见图4.40）。

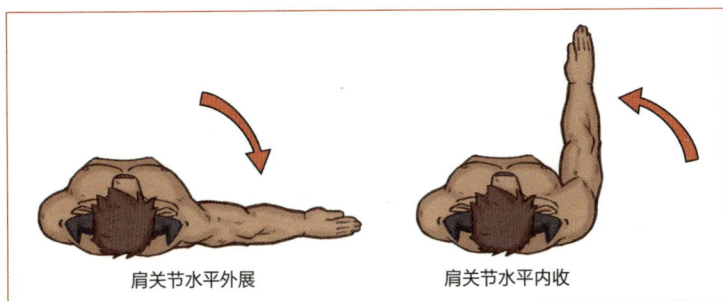

肩关节水平外展　　　　　肩关节水平内收

图4.40

结合三角肌前束、后束的骨骼附着点，我们很容易理解它们的这两个作用。所以，我们做胸肌训练的时候，也会用到三角肌前束。因为胸肌训练的绝大多数动作，都包括肩关节水平内收的动作（想想胸大肌的基本功能——拥抱）。

三角肌前束还可以让肩关节内旋，后束可以让肩关节外旋（见图4.41）。而且，当肩关节内旋的时候，我们会发现，三角肌中束更朝前了。所以，这时候如果我们做肩关节屈曲的动作，三角肌中束就能帮上更多忙。反过来，如果肩关节外旋，中束就更朝后，这时候中束就能更多帮后束的忙。

所以，我们做练肩的动作，比如前平举，如果希望重点训练三角肌前束，那么就应该在肩关节外旋的姿势下做前平举，也就是说，肩关节旋转，手心基本向上。因为这样三角肌中束帮的忙少，前束就会被更好地刺激。

总结一下，三角肌的基本训练动作有两个，一个是平举，一个是推举，这两个动作的实质都是抬胳膊。

我们先看平举。

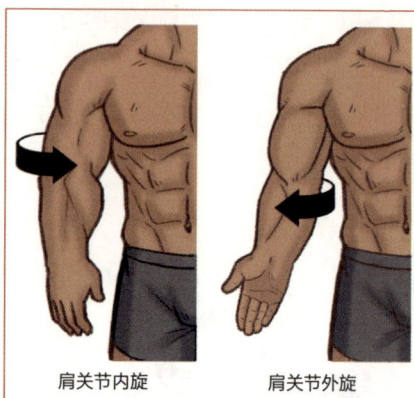

图4.41

前平举就是一个肩关节屈的动作，从前面抬胳膊，侧重训练三角肌前束（见图4.42）。

图4.42

侧平举动作就是一个肩外展的动作，向两边抬胳膊，侧重训练三角肌中束（见图4.43）。

图4.43

用器械做侧平举，与哑铃侧平举没有本质区别（见图4.44）。

图4.44

俯身平举重点训练三角肌后束，它其实是一个肩关节水平外展的动作（见图4.45）。前面讲过，三角肌后束的作用是让肩关节伸，同时也能让肩关节水平外展。在训练动作的设计上，可以用肩关节伸的动作来训练三角肌后束，但操作起来比较别扭，器械不好设计，所以，训练三角肌后束还是常常用水平外展的动作。

图4.45

　　通常练三角肌后束的动作还有下面两个动作，其实都是肩关节水平外展的动作（见图4.46、图4.47）。

图4.46

图4.47

我们再看推举（见图4.48、图4.49）。

图4.48

图4.49

不管是什么推举，我们不看肘关节，只看肩关节的运动轨迹就会发现，它就是一个抬胳膊的动作。只不过推举时，肩关节外展结合了肘关节伸（抬胳膊同时胳膊伸直），这是一个复合动作。推举结合了肘关节伸，所以也能辅助训练肱三头肌（大家不要忘了肱三头肌的功能）。

那么，推举侧重训练的是三角肌前束还是中束呢？主要是前束。因为一般来说，推举时，座椅靠背都往后倾斜，上身稍微后倾。所以在推举时，我们能感受到肩关节有一个内收的感觉，水平内收正是三角肌前束的功能。

好了，现在再返回去说一下侧平举（见图4.43）。有的人说，侧平举不能举得太高，举得太高就成了训练斜方肌，而不是三角肌了。这么说不对，但也不算全错。这里涉及一个"肩肱节律"的问题。

什么叫肩肱节律呢？要先从肩关节外展这个动作说起。

前面讲过肩关节外展这个动作，只要胳膊抬得稍微高一些，那就不仅是肱骨的事儿了，肩胛骨也会跟着一起活动。通俗地说，做侧平举这个动作，如果胳膊举得够高，那么除了胳膊要抬起来以外，肩胛骨也要旋转一下做配合。

如果仅仅是抬胳膊，那主要是三角肌在收缩发力，但如果肩胛骨也跟着上旋，那么斜方肌也会收缩。所以，当侧平举举得不太高时，主要是肩关节活动，三角肌发力；举得高一点时，肩胛骨就要旋转，上斜方肌会很明显地参与进来。因此有的人说，侧平举举得过高的时候就成了练斜方肌。

但这句话也是错的。原因也很简单，侧平举举得高的时候，斜方肌确实参与进来，但这不意味着举得高就只练斜方肌，不练三角肌。因为之前处于举得不高的阶段，练到了三角肌；继续举高，相当于附带着练了斜方肌，并不是只练斜方肌。如果我们希望多练三角肌，少练斜方肌（比如有些女孩希望这样），那就可以练如图4.50所示的动作。

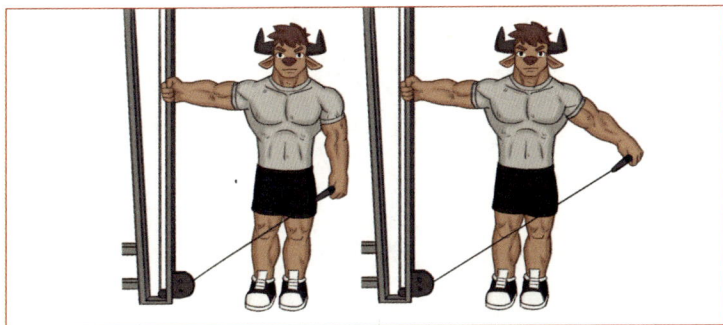

图4.50

做这个动作时，手臂不要举得太高，手臂与躯干大概成30～45度就可以了，这时候不会过多地练到斜方肌。注意，这样也只能是尽量少用到斜方肌，要想完全不用到斜方肌是不可能的。实际上，即便是在肩关节外展的前30度，斜方肌还是会收缩发力，其主要目的是稳定肩胛骨。

那么前面说到的肩肱节律到底是什么呢？

肩肱节律就是，在侧平举超过了约30度之后，侧平举的角度再每增加3度，肩关节（盂肱关节）就只活动2度，同时伴随着1度的肩胛骨上旋（当然，每个人的比例不太一样，但大致是2∶1的比例）。

我们看图4.51，这是一个侧平举（肩关节外展）动作，而且举得很高，外展已经达到了180度，胳膊完全举过了头顶。注意看这里面都包含哪些关节的活动。

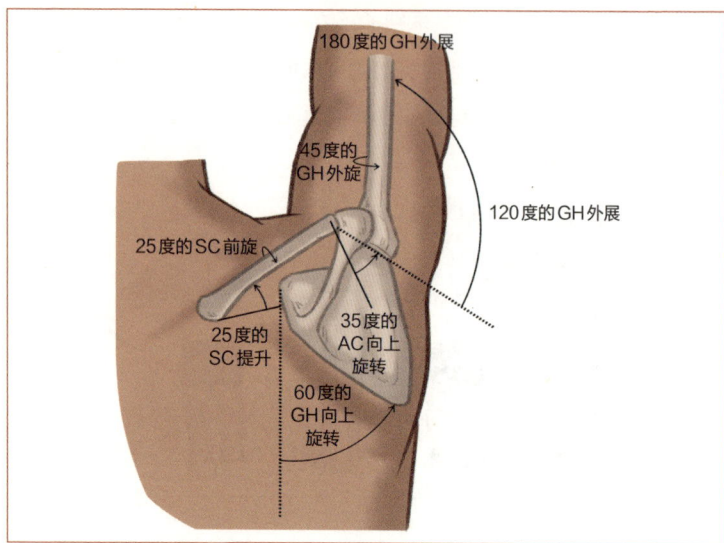

图4.51

　　这里面有肩关节（glenohumeral joint，GH）的活动，同时，也有肩胛骨的活动。其中，180度的外展里面，有120度是肩关节的活动，60度是肩胛骨的活动。

　　进一步看，还能看到锁骨的活动，以及胸锁关节（sternoclavicular joint，SC）和肩锁关节（acromioclavicular joint，AC）相应的、一定角度的活动。

　　再进一步看，还能看到肩关节的外旋。也就是说，我们的胳膊在做侧平举动作的时候，如果举得很高，需要在举起的同时旋转一下，否则我们很难举到180度的状态。大家可以试一试，手心向下、肩关节不旋转时做侧平举，我们举不了太高。想举到180度，肩关节必须往外旋转一下。

　　这就告诉我们，从运动解剖学的角度讲，肩部是一个非常复杂的整体。肩关节外展动作包含了很多复杂的动作，是一个动作集合。从训练的角度看，想练肩膀而不用到斜方肌很难。可以这么说，练两分肩，往往也会练到一分斜方肌。

　　接下来简单说说训练时怎么防止肩部受伤。

　　肩部受伤，最常见的就是肩峰撞击，或者叫肩峰挤压。我们看图4.52。

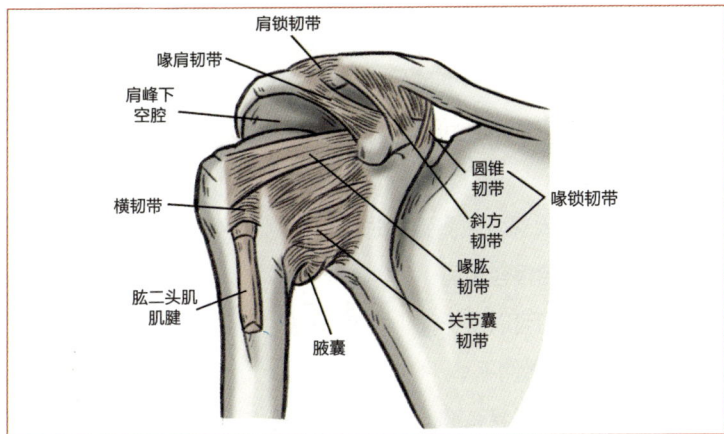

图4.52

　　图4.52所示的是从身体前侧看到的肩关节，右边是肩胛骨，左边是肱骨。我们注意一个地方，就是"肩峰下空腔"。这个空腔，就是在我们抬起胳膊做肩关节外展动作时，肱骨头这个"大圆疙瘩"要放进去的地方。这个空腔的空间很有限，肱骨头基本上刚好能放进去。放进去固然好，但我们想象一下，要是肩关节外展时，这个空间不够大，放不下肱骨头，那么肱骨头就会摩擦、挤压、撞击肩峰。

每个人的肩峰下空腔的大小都不一样，有的人大一点，这是好的，但有的人天生就小一点，那么就特别容易出现肩峰挤压。偶尔挤压几下还行，经常挤压就容易使其出现损伤、发炎、疼痛。我们不知道自己肩峰下空腔的大小，所以做肩关节外展动作的时候，就要有意识地让肩峰尽量躲开肱骨头。怎么躲开？主要有两个办法。

一个是肩关节外展的时候，不要完全在冠状面上做，手臂稍微往前一点。也就是说，做侧平举的时候，稍微向前平举。如果从头顶俯视下去，抬起来的胳膊不要指在"9点"的位置上，而是指在大约"10点"的位置上比较好。

另外一个是，肩关节外展的时候，尽量不要同时做肩关节内旋。也就是我们做肩关节外展时，手心向下或稍微向前比较好，不要使劲向后。

过去经常有人说，做侧平举时要有个倒水的动作，手心要向后。实际上，这样恰恰很容易导致肩部受伤。我们可以试一试，用倒水的姿势做侧平举，就会发现，肩膀很容易有被卡住的感觉。

另外，直立提拉的动作也比较容易造成肩峰撞击（见图4.53）。这是因为这个动作的实质，就是在肩关节内旋状态下的肩关节外展。

图4.53

所以，要尽量少做这个动作，肩不好的人更要小心做这个动作。

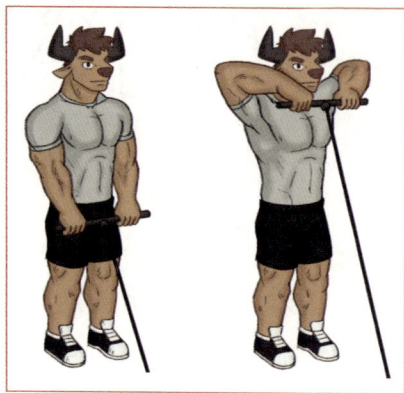

4.6 肩关节保护伞——肩袖肌群

我们先看一下肩复合体的主要肌肉，从身体前面看（见图4.54），肱二头肌、胸大肌、三角肌之前都讲过，这里需要重点关注的是肩胛下肌。从身体后面看（见图4.55），我们重点关注一下冈上肌、冈下肌、小圆肌。

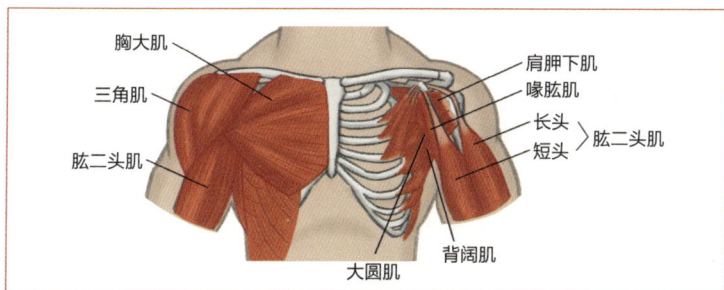

图4.54

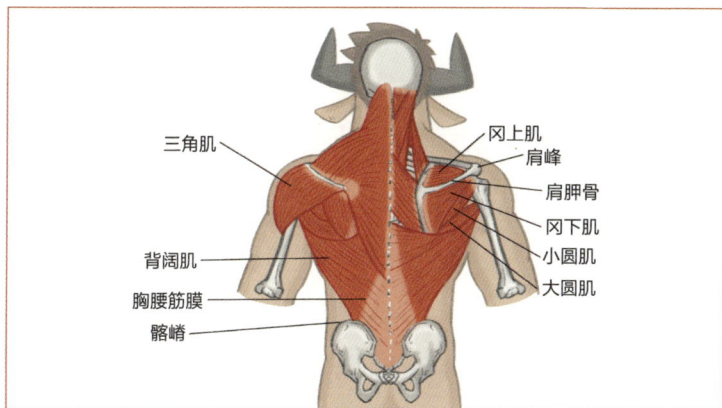

图4.55

好了，接下来重点讲一下肩复合体的肩袖肌群。

肩袖肌群就包括刚刚提到的4块肌肉：肩胛下肌、冈上肌、冈下肌和小圆肌。这4块肌肉包裹着肩关节，对稳定肩关节有很重要的作用。我们先看看这4块肌肉分别在哪儿。

这4块肌肉都连接着肱骨和肩胛骨，也就是都连接着我们的胳膊和肩膀。我们把这4块肌肉分成3类：从上面连接胳膊和肩膀的、从前面连接胳膊和肩膀的，以及从后面连接胳膊和肩膀的。

从上面连接胳膊和肩膀的是冈上肌（见图4.56）。它一头连接着肱骨，一头连接着肩胛骨上方。所以很显然，它的功能是让手臂外展。

从前面连接胳膊和肩膀的就是肩胛下肌（见图4.57），它连接着肱骨和肩胛骨的朝前的一面。大家注意，这个图是从身体前面看的。肩胛下肌的功能就是让肩关节内旋。

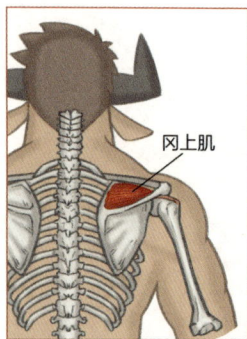

图4.56

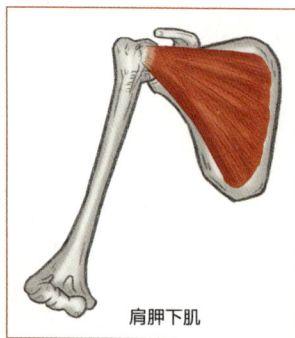

图4.57

从后面连接胳膊和肩膀的两块肌肉是冈下肌和小圆肌（见图4.58、图4.59）。这两块肌肉挨得很近，功能也没有太大差别，因为它们是从后面连接着肱骨和肩胛骨。所以它们的功能都是让肩关节外旋，跟肩胛下肌的作用相反。

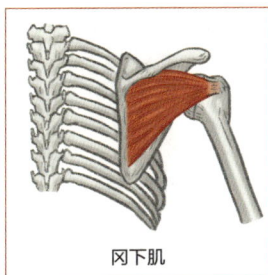

冈下肌

图4.58

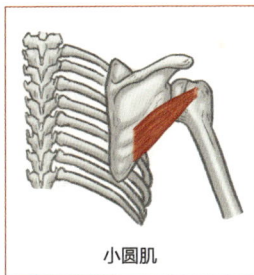

小圆肌

图4.59

其实，肩袖肌群的功能，总的来说就是让肩关节内旋和外旋。我们训练时常见到这样的动作（见图4.60、图4.61），就可以训练肩袖肌群。

图4.60

图4.61

　　肩袖肌群非常重要，它除了稳定盂肱关节之外，还有防止肩峰撞击的作用。肩袖肌群能防止肩峰撞击，主要是因为小圆肌和冈下肌会拉动肱骨在肩关节里向下滑动，并且在做动作时让肩部保持外旋，这都可以帮助肱骨头这个"大圆疙瘩"错开肩峰下空腔。所以，适当训练肩袖肌群是很有好处的。但是，有些人在练肩前会先做大量的肩关节内旋、外旋的动作，觉得这样很有好处，实际上这容易让肩袖肌群疲劳。肌肉一疲劳，力量就会下降，接下来再训练肩部时，对肩关节的保护能力就下降了。所以，我们平时适当做一点肩关节内旋、外旋的动作就可以了，不要在肩部训练或者力量训练前做得太多。

说了这么久，终于说到肌肉了！

你对肌肉的了解有多少？不用说，肯定搞不清……

练肌肉，"怼"就行了，搞这么复杂干什么？

我只想减肥，了解脂肪就行了吧？

喂！好歹配合一下？不然本期专栏怎么说下去……

不许拒绝！

人体中的肌肉系统非常复杂

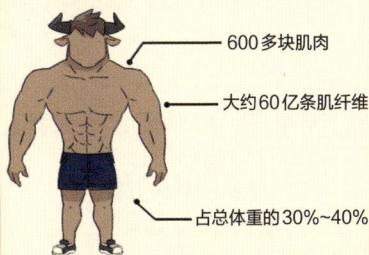

- 600多块肌肉
- 大约60亿条肌纤维
- 占总体重的30%~40%

肌肉分为3类：平滑肌、心肌、骨骼肌

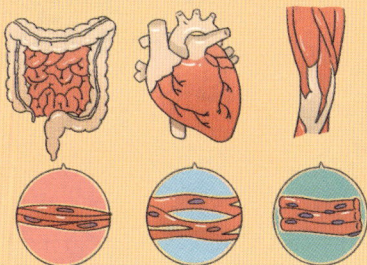

我们健身人士主要需要了解的
就是**骨骼肌**了

是我!

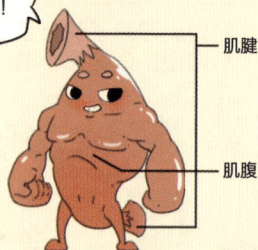

—— 肌腱

—— 肌腹

因为骨骼肌的肌纤维看起来由
一条条横纹组成,
所以骨骼肌也是**横纹肌**的一种

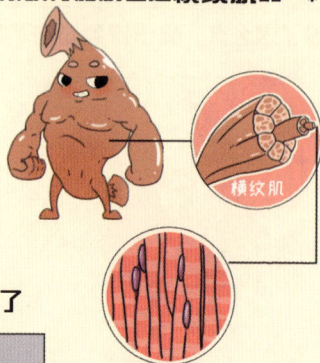

横纹肌

收缩
就是肌肉的主要工作了

收 缩

新手常常分不清哪些动作锻炼哪里,
现在你只要记住一句话:
**哪里肌肉收缩,
就是锻炼哪里!**

我们健身时,为了学会让
目标肌肉发力,就需要
了解肌肉收缩的原理。

肌肉收缩有3种形式

① 向心收缩
② 离心收缩
③ 等长收缩

好复杂!

看起来复杂
其实很简单

我们只需要中心来辅助。

肌肉向中心收缩，肌肉缩短，
这就是**向心收缩**

向中心收缩

肌肉远离中心，
被拉长，
这就是**离心收缩**

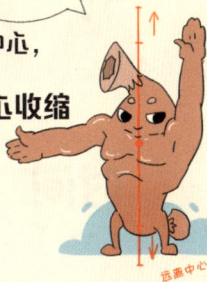

远离中心

还有一种，肌肉承受压力，
不过长度没有发生变化，
这就是**等长收缩**

长度不改变

我不是那么随便的肌！

我们的肌肉由肌纤维构成，
肌纤维数量乃天注定，
而且还**不能随便分裂**

那我们的肌肉是
如何变强壮的呢?

训练
会让我们的肌纤维发生轻微损伤

嘿咻~

开心的是你，
受伤的却是我。

通过营养和休息，
人体不仅修复了受损的肌纤维，
还能够**超量恢复**

营养　　休息

训练

循环往复，
久而久之，
我们的肌肉就越来越强壮

时间

就是这么回事!

所以我们常说的"肌肉变大"其实是
肌纤维变大变粗了

第5章

腰椎和腰腹部肌肉

5.1 腹肌的基本运动和常见训练动作

这一章主要讲人体核心部位的骨骼和肌肉。肌肉部分主要是结合训练讲一下腹部肌群和腰部肌群；骨骼部分主要讲腰椎，并结合讲解健身者非常关注的问题——腰椎间盘突出的预防。

仔细观察人体的骨架会发现（见图5.1），多数骨和骨之间都有稳固的关节连接，比如肘关节、膝关节，骨头都是"嵌"在一起的，很结实。但我们也可以观察到，我们身上有一个很重要的地方，就是上身和下肢之间没有稳固的骨骼连接，只有一根看起来很脆弱的腰椎连着。而腰椎也只是由一块一块的腰椎骨"摞"起来形成的一个"松松垮垮"的圆柱体结构。

固然，腰椎之间有一些小肌肉和韧带连接，但相对于腰椎承受的重量来看，其还是非常脆弱。毕竟我们上身那么重，更不要说搬重物或做各种复杂的动作。

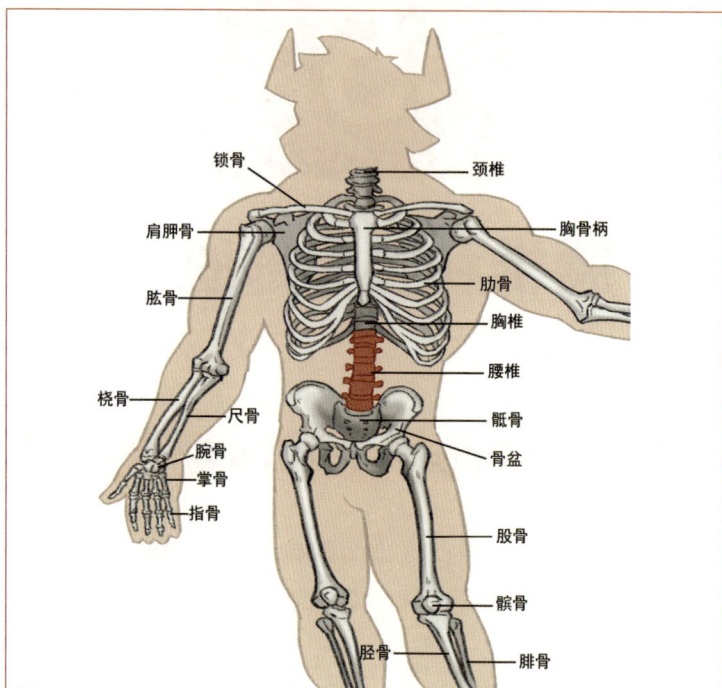

锁骨

肩胛骨

肱骨

桡骨

尺骨

腕骨

掌骨

指骨

颈椎

胸骨柄

肋骨

胸椎

腰椎

骶骨

骨盆

股骨

髌骨

胫骨

腓骨

图5.1

    人类的腰椎天生就非常单薄、脆弱。这很大程度上是由人类需要直立行走造成的。人类直立行走，躯干的所有重量都只能靠腰椎来支撑。而其他哺乳动物，绝大多数都是四足行走，它们躯干的重量可以由四只脚来支撑（见图5.2）。所以，人类的腰椎经常出问题，四足行走的动物一般就不会出现问题。

    那有人会问，为什么人类的腰椎不设计得结实一点，像其他关节一样？首先，进化是一脉相承的，人类一步步进化过来，不可能在结构上出现特别巨大的变化。其次，腰椎不稳定的关节给了腰椎灵活性。人体牺牲了稳定性，换取了灵活性。

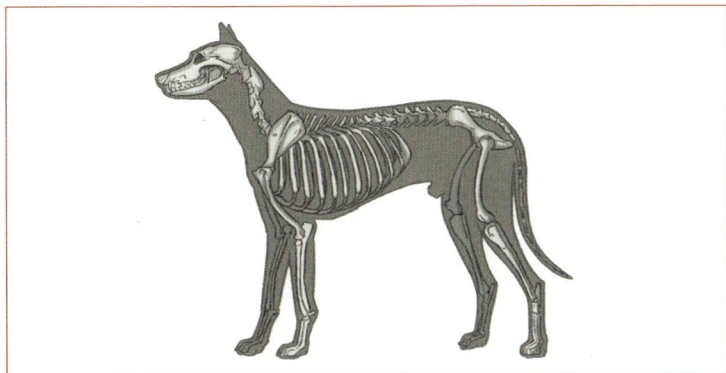

图5.2

　　大家要记住，我们的骨骼设计（包括肌肉设计），稳定性和灵活性是不可兼得的。想要更灵活，就要一定程度牺牲稳定性；想要更稳定，就要一定程度牺牲灵活性。

　　好了，我们现在知道，人类的腰椎其实并不结实，但我们的上身和下肢必须得有稳固的连接，那么这主要靠什么呢？就是靠腰腹部肌肉。

　　大家想一下我们腰腹部肌肉的位置，正好是从前、后、左、右把上身和下肢"包"在一起。通俗地说，腰腹部肌肉好像很多弹力绳，密密麻麻地把上身和下肢缠绕、连接在了一起。

　　其实，我们平时经常说的核心肌群就是指负责连接上身和下肢的肌群，其中最主要的就是腰腹部肌肉。核心肌群之所以重要，就是因为上身和下肢的骨骼连接不稳固，核心部位的肌肉就要担当起重任。

　　核心肌群到底由哪些肌肉组成，学术界对于这件事还有争议。按照刚才讲的，核心肌群就是负责连接上身和下肢的肌群，那么核心肌群当然不只包括腰腹部肌肉，比如背阔肌也连接着上身和下肢，股直肌也是如此。所以，狭义上，核心肌群被用来特指腰腹部肌肉，但广义上的核心肌群就是指连接上身和下肢的肌群。那么，我们怎么从宏观上理解腰腹部肌肉呢？腰腹部肌肉就是连接上身和下肢最直接、最核心的肌群。腰腹部肌肉收缩产生力量，这样，我们就可以协调上身和下肢做出各种复杂的动作了。

腰腹部肌肉连接上身和下肢也各有分工。腹部肌群负责从前面和侧面连接上身和下肢，腰部肌群负责从后面连接上身和下肢。

5.2 像"包粽子"一样的腹肌

接下来详细地讲一讲腹肌。

我们平时说的腹肌跟运动解剖学里讲的腹肌不是一个概念。运动解剖学讲的腹肌是指腹部肌群，包括腹直肌、腹斜肌（腹内斜肌和腹外斜肌）和腹横肌。而我们平时说的"几块"腹肌，通常只是指腹直肌。

我们还要了解一件事，腹直肌、腹斜肌、腹横肌这些腹部的肌肉，是一层一层分布的，就像包粽子一样，这样的连接更结实、更牢靠，也能让腹部在每一个运动维度上，都有相应的肌肉可以收缩产生力量（既能让身体向前弯腰，也能向两侧弯腰，还能转腰）。

我们先整体看一下腹部肌群的分布（见图5.3）。从图中我们能直观地看到，腹部肌群里里外外有4层，包裹着我们的肚子。

图5.4所示是把身体在腹腔的位置上，水平"切开"的情况，L3就是腰椎的第3节。图中前侧就是肚子的位置，后侧也就是腰的位置。

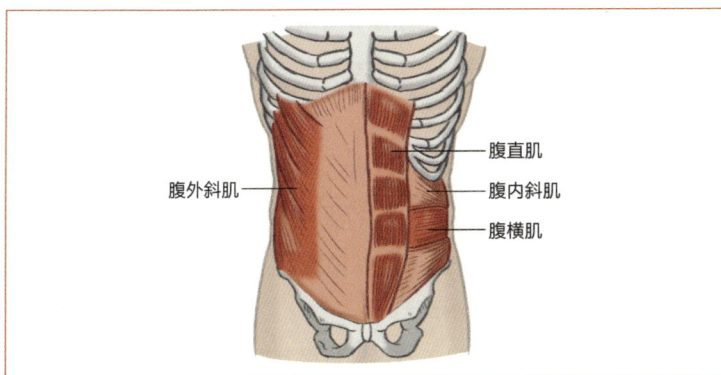

图5.3

腹直肌位于肚子最前面的地方，其横切面像是两个扁扁的小条，这就是我们熟悉的"两排"腹肌。在肚子的侧面能看到有3层肌肉，这就是腹部肌群层层包裹的设计。其中，最里面的一层是腹横肌，往外一

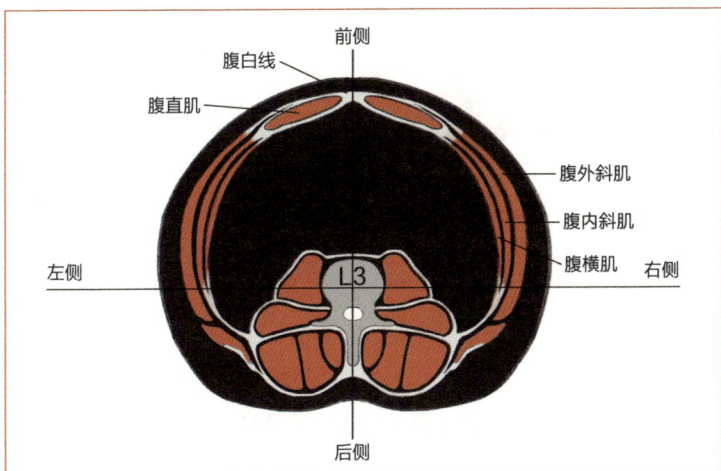

图5.4

层是腹内斜肌，最外面的一层是腹外斜肌。

好了，有了宏观的了解，下面我分别讲一下腹部肌群的肌肉。

腹横肌

腹横肌是腹部肌群最里面的一层（见图5.5）。顾名思义，腹横肌是横着长的，肌纤维横向分布，平行于身体水平面。我们可以这么理解，腹横肌就像一根很宽的带子，从前到后，水平地包裹腹腔。这样，腹腔就变成了桶，如图5.6所示。

腹横肌的附着点在哪儿？这么看好像不是很明显。这里不用太纠结，大家只需要大致记住腹横肌连接着肋骨和骨盆，把腹腔横着包了一圈，包成一个桶就可以了。

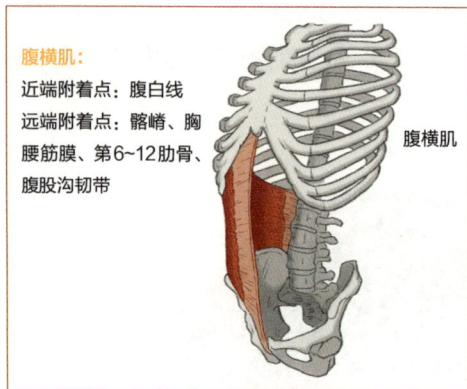

腹横肌：

近端附着点：腹白线
远端附着点：髂嵴、胸腰筋膜、第6~12肋骨、腹股沟韧带

腹横肌

图5.5

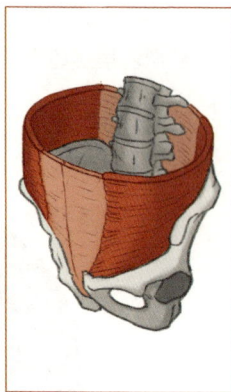

图5.6

另外，我们再记住一个知识点，腹横肌的后侧连接着胸腰筋膜。胸腰筋膜是身体核心区域很重要的一处筋膜群。图5.7所示是胸腰筋膜的横切面。

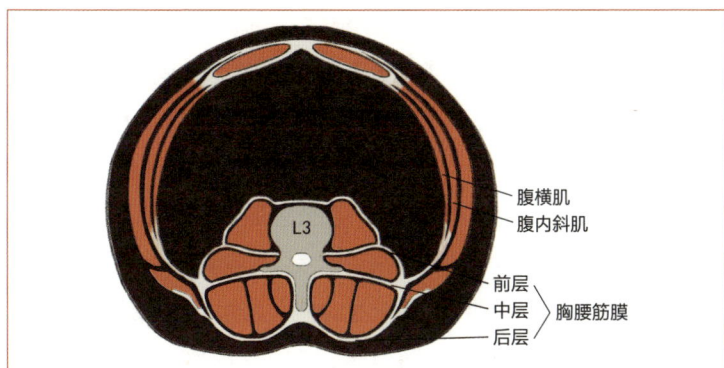

图5.7

那么腹横肌的功能是什么呢？因为腹横肌的肌纤维横向包裹我们的腹腔，所以它一收缩，好像不会带来任何的肢体运动。

的确是这样，但腹横肌仍然很有用。腹横肌收缩就好像把我们的腰带勒紧一样，会收紧我们的腹腔。收紧腹腔带来的最直接的结果就是腹内压的提高。腹腔就好像一个气球，腹横肌就好像是绕气球一圈的一根宽宽的松紧带。腹横肌一收缩，这根松紧带一收紧，气球被压缩，气球里的压力就要提高。

腹内压提高有什么用呢？我们在平时打喷嚏、咳嗽、排便的时候，就会用到它（这些时候，我们也能体会到下腹部的收紧）。

另外，腹内压提高也能够稳定我们的腰椎。这很好理解，因为腹内压越高，腹腔越"硬"（想象一下我们的腹腔是一个气球），那么在我们举重物的时候，上身和下肢的连接就越结实，我们的腰椎就越安全。

腹横肌的另一个功能是拉紧胸腰筋膜。因为腹横肌后面连接着胸腰筋膜，所以它一收缩就会拉紧胸腰筋膜。结合胸腰筋膜和腹横肌的位置想一下，拉紧胸腰筋膜有什么用呢？很简单，就是让其他附着在胸腰筋膜上的肌肉更好地收缩。更通俗地说，胸腰筋膜好像一个附着点，很多肌肉附着在上面，它被拉紧的话，这个附着点就特别稳固，其他附着在上面的肌肉在收缩的时候就更有支撑力。这就好像人站在梯子上，下面还有人帮着扶住梯子，那么站在梯子上的人就更稳定。

了解了腹横肌的功能，接下来说说怎么练腹横肌。

腹横肌的收缩不会带来任何外显的肢体运动，所以腹横肌是很难直接训练的。当然，有人说，练腹横肌的方法是训练所谓"真空腹"，其实这没什么意义。

"真空腹"其实就是使劲收腹。腹横肌的重要作用就是收紧腹部，所以有人觉得，这样就可以训练到腹横肌。这样确实能使用到腹横肌，但训练不到腹横肌，因为收腹没法负重，不增加肌肉负荷就不可能明显增肌。所以，就算是再用力收腹，腹横肌也会很快适应，通过这种方式不可能让腹横肌明显增厚。

那怎么练腹横肌呢？其实答案是不用专门训练，有很多训练会顺便练到腹横肌。

刚才说过，腹横肌收缩、增加腹内压的目的是稳定腰椎。所以，我们平时做很多训练动作的时候，只要是腰椎明显受力，腹横肌都会自然而然地收缩来稳定腰椎，这其实就训练了腹横肌。

腹内斜肌

既然叫腹内"斜"肌，顾名思义，肌纤维的走向当然是斜着的。我们从图5.8中也能看到，腹内斜肌的肌纤维走向是指向身体的前斜上方的。理解腹内斜肌是怎么"斜"的、方向是什么样的很重要，因为记住了它的走向，就等于知道了它收缩后产生的作用。

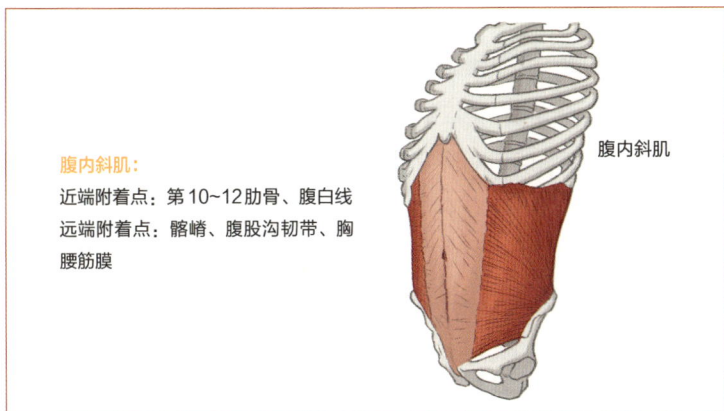

腹内斜肌：

近端附着点：第10~12肋骨、腹白线

远端附着点：髂嵴、腹股沟韧带、胸腰筋膜

腹内斜肌

图5.8

记忆腹内斜肌的肌纤维走向，我教大家一个"手形法"。两只手掌自然伸直，胳膊交叉，左手掌摸右边的腰部，右手掌摸左边的腰部，这时手指的指向就是腹内斜肌肌纤维的走向（见图5.9）。

关于腹内斜肌的附着点，大家只需要粗略地记住，腹内斜肌在身体的两侧，左右各一片，连接着同侧的肋骨和骨盆就可以了。

任意一侧的腹内斜肌收缩会让躯干向同侧侧弯或向同侧旋转（当然，也可以既侧弯，又旋转）。也就是说，左侧腹内斜肌收缩，可以让上身向左侧弯，或者向左旋转，或者把这两个动作结合起来。

图5.9

那么如果双侧腹内斜肌同时收缩会怎么样？很简单，躯干会前屈，也就是向前弯腰，跟卷腹的动作一样。当然，腹内斜肌收缩，也有增加腹内压等其他作用，但这里不讲得太复杂，只需要记住腹内斜肌有让躯干侧弯和旋转的功能就可以了。

腹外斜肌

腹外斜肌在腹内斜肌外面一层，也是斜着分布，但是它的倾斜方向跟腹内斜肌正好相反——向身体后斜上方（见图5.10）。如果用手形法来记忆腹外斜肌的走向，就是用两个手掌各自摸同侧腰部，手指的指向就是腹外斜肌肌纤维的大致走向。还有更简单的记忆方法：我们双手斜插在上衣兜里，手指的指向就是腹外斜肌的大致走向。

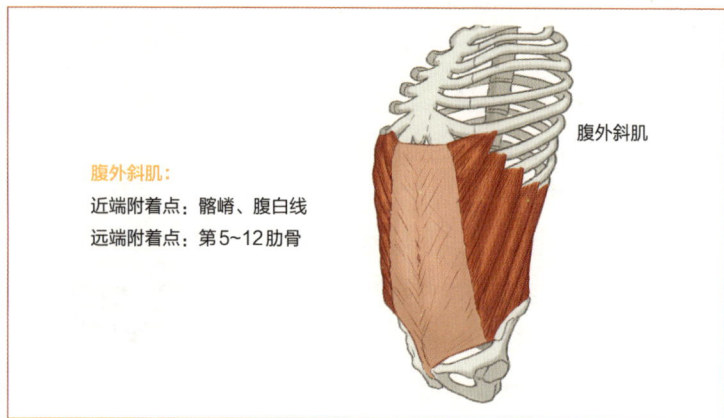

腹外斜肌：
近端附着点：髂嵴、腹白线
远端附着点：第5~12肋骨

腹外斜肌

图5.10

单侧腹外斜肌收缩，毫无疑问，躯干也会向同侧侧屈，也就是侧弯。同时，单侧腹外斜肌收缩也能让躯干旋转，但是，旋转的方向跟腹内斜肌不一样。单侧腹内斜肌收缩，身体是向同侧旋转，但单侧腹外斜肌收缩，身体则向对侧旋转。

你可以做动作亲身体验一下。仰卧，身体放松，这时候摸着右侧腹外斜肌，上身向左转，你会感觉到右侧腹外斜肌的收缩。

这是单侧腹外斜肌收缩的效果。双侧腹外斜肌同时收缩的效果，就跟腹内斜肌一样了，也是让躯干前屈，如同做卷腹的动作。

现在，思考一个小问题，如果我们想让躯干向左侧旋转，做向左边转腰的动作，腹内斜肌和腹外斜肌分别该怎么收缩？

答案很简单，如果让躯干向左旋转，那么左侧腹内斜肌和右侧腹外斜肌同时收缩。当然，反过来也一样，如果向右旋转，那么右侧腹内斜肌和左侧腹外斜肌同时收缩。

人体一侧的腹外斜肌和对侧的腹内斜肌，其实算是一对协同肌。腹内斜肌与腹外斜肌协同收缩，使躯干旋转。所以，我们做负重躯干旋转这类动作的时候，其实能同时训练身体两侧的腹斜肌。

腹直肌

腹直肌就是我们平时习惯说的腹肌。腹直肌是腹部肌群里最简单的肌肉，它也是连接着胸腔和骨盆，也就是从身体前侧连接着上身和下肢（见图5.11）。所以腹直肌一收缩，上身和下肢就从前侧靠拢（就是卷腹这个动作）。

关于腹直肌，我们要注意这两点。

❶腹直肌看起来有好几块，但实际上就是一块。也就是说，腹直肌本来是一块近似于长方形的肌肉，而腱划竖着"切一刀"，再横着"切几刀"，把腹直肌分成了视觉上的几块。而且，腹直肌具体怎么分的，因人而异。我们的腹直肌被分成几块，就是几块了，后天不能改变。

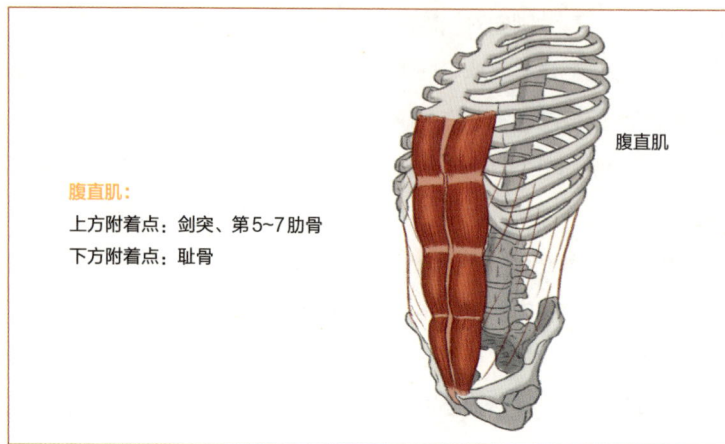

腹直肌：
上方附着点：剑突、第5~7肋骨
下方附着点：耻骨

腹直肌

图5.11

❷腹直肌是一块，而且肌纤维基本都是平行的（力量线只有一条），所以，没有所谓"上腹肌"和"下腹肌"的区别。因为腹直肌比较长，于是有的人喜欢区分出"上下"，其实在运动解剖学里并不区分，腹直肌就是腹直肌，最多可以描述为腹直肌"偏上的部位"或"偏下的部位"。因此，所谓"卷腹练上腹肌，举腿练下腹肌"的说法，其实也是不对的。不管是卷腹还是举腿，练的都是整个腹直肌，不分上下。

好了，到这里就讲完腹肌了。腹肌看起来复杂，其实也很简单。总的来说，腹肌是从身体前面和两侧连接上身和下肢的。

收缩功能方面，腹横肌的肌纤维是横着走的，所以它不带来实质性的肢体动作，主要的功能就是增加腹内压。腹斜肌单侧收缩有让躯干侧弯的作用，也有让躯干旋转的作用，但关于旋转躯干，腹内斜肌和腹外斜肌的作用方向相反。双侧腹斜肌同时收缩能让躯干前屈，也就是卷腹。腹直肌收缩的作用，也是使躯干前屈，做卷腹的动作。所以可以看出，腹肌的作用，简单来说就是弯腰和旋转躯干。

　　基本的腹肌训练动作是卷腹，就是一个躯干前屈、往前弯腰的动作（见图5.12）。

图5.12

　　腹肌基本的训练动作还有举腿。其实，举腿跟卷腹是同一个动作，只不过卷腹是腰胯固定，而举腿是上身固定（见图5.13）。

图5.13

　　最后，五花八门的、复杂的腹肌训练动作，无非卷腹和举腿的变形动作。

　　常见的卷腹类的变形动作有以下4种（见图5.14～图5.17）。

图5.14

图5.15

图5.16

图5.17

常见的举腿类的变形动作有以下3种（见图5.18～图5.20）。

图5.18

图5.19

图5.20

当然，还有卷腹和举腿混合的动作（见图5.21）。

图5.21

此外，还有一类腹肌训练动作，可以叫作"回旋类"，如转腰这个动作（见图5.22、图5.23）。因为旋转躯干也是腹肌的基本运动功能。

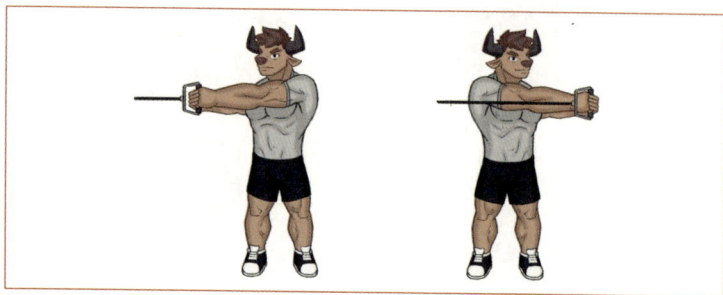

图5.22

图5.23

5.3 腰部肌肉中的重要肌群

我们还是先从宏观上来了解一下腰部的肌肉（见图5.24）。

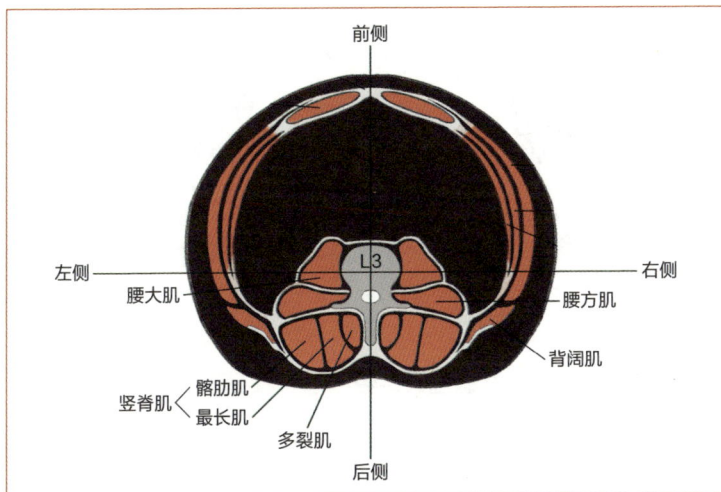

图5.24

前面已经讲过，腹部肌群是从身体前侧和两侧连接上身和下肢，而腰部肌群是从身体的后侧连接上身和下肢。

如图5.24所示，竖脊肌、多裂肌都在脊柱后侧。这些肌肉就是从身体的后侧连接上身和下肢的肌肉。

当然，腰方肌和腰大肌也是腰部肌肉，但是它们不算是从后侧连接上身和下肢的肌肉，所以不是增肌训练里典型的腰部肌群。

增肌训练里的腰部肌群，跟腹部肌群是一对拮抗肌群，它们的收缩功能基本相反。腹部肌群的作用整体上说是让躯干前屈，腰部肌群的作用整体上说是让躯干后伸，如图5.25所示。

腰部肌群　　腹部肌群

图5.25

腰部肌肉当中，在这里只讲竖脊肌。竖脊肌是一个大的肌群，包含3部分主要的肌肉：棘肌、髂肋肌、最长肌。竖脊肌群的肌肉较复杂，此处不进行过多介绍，我们对竖脊肌有个基本的了解就可以了。

竖脊肌虽然由很多肌肉组成，但总的来说，它们都竖着分布在脊柱后侧，像一根宽而长的带子。图5.26所示是竖脊肌的大致示意图。

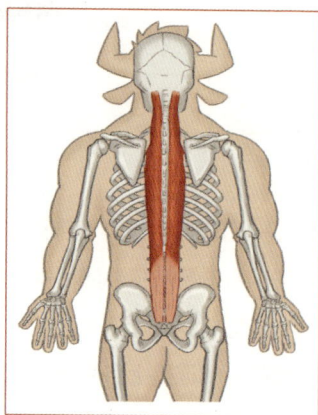

图5.26

我们能看到竖脊肌非常长，而且宽。其中有的肌肉靠近脊柱，附着在脊柱后方的突起上，比如棘肌；有的附着在脊柱两侧的肋骨上，比如髂肋肌等。但是这些肌肉的下端都附着在腰上，所以简单说，竖脊肌把整条脊柱（包括头颈部）、靠近脊柱两侧的肋骨和腰连在一起了。所以它主要的功能就是让躯干往后弯，也就是躯干向后伸展。

图5.27所示的动作，我们习惯上叫"小燕飞"。其中，躯干抬起的动作就主要是靠竖脊肌收缩完成的。当然，身体做这个动作的时候，其他肌肉如背阔肌、臀大肌和腿部的肌肉也在收缩。

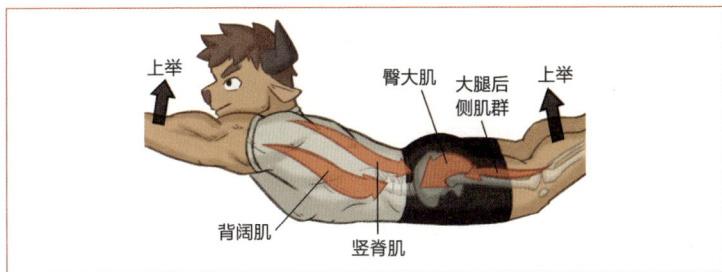

图5.27

因为竖脊肌群里有一些肌肉附着在脊柱两侧的肋骨上，所以它还能让躯干侧屈和轻微旋转。对于健身者来说这个功能并不太重要，简单了解一下就可以了。

我们做很多训练动作的时候都会用到竖脊肌。竖脊肌是主要的稳定躯干的肌群。

5.4 腰椎间盘突出是怎么回事

简单说，腰椎就是脊柱的一部分，也是连接上身和下肢的地方。

所以，我们不管站着还是坐着，由于重力的方向是竖直向下的，我们上身的重量都会压在腰椎上，除非我们平躺或者趴着（当然，即便这样，腰椎也不是零压力）。

想象一下，如果背一个书包，那么重量是压在腰椎上的。如果手里再提一个书包，重量最终也是压在腰椎上的。

很多人会问，如果患有腰椎间盘突出症，那做力量训练时，哪些动作能练，哪些不能练呢？现在，对这个问题，你应该有基本的答案了。

只要是站姿或坐姿的动作，上身负重（阻力方向向下），那么就会增加腰椎的压力。比如我们做哑铃推肩、哑铃侧平举时，腰椎压力就会增大，因为哑铃的重量也是压在腰椎上的。深蹲、硬拉这些动作就更不用说了。但有些坐姿的动作，上身不是负重，而是"反负重"（阻力方向向上）。比如练背的高位下拉，阻力不是向下，而是向上的。那腰椎受到的压力不但不会增加，反而还会减少。一般躺着的动作都不容易增加腰椎的压力，比如杠铃卧推，杠铃的重力和脊柱是垂直的，那么不管多大重量，压力都不会直接压在腰椎上。

当然，这不是说只要是躺着的动作都不会增加腰椎压力，有些训练动作虽然是躺着，重量不直接压在腰椎上，但也会增加腰椎压力，比如仰卧起坐。总的来说，会增加腰椎压力的训练动作，主要就是重量直接压在腰椎上的训练动作。

在宏观上简单认识了腰椎，接下来再了解脊柱的基本知识，因为腰椎属于脊柱的一部分。

我们先从侧面看一下脊柱是什么样的（见图5.28）。我们会发现，脊柱不是直的，而是弯的，有4个生理曲度。这样设计的好处是脊柱可以承受更大的压力，因为弯曲的东西受到压力可以变形，从而吸收一部分压力。

脊柱有4个生理曲度：C1~C7是颈椎，往前凸；T1~T12是胸椎，往后凸；L1~L5就是腰椎，往前凸；最后是骶椎，往后凸。脊柱从整体看是一根"柱"，但分开看是由一块一块的脊椎骨"摞"在一起形成的，这样设计是为了方便脊柱活动。我们的脖子、腰可以弯曲、旋转，就是得益于此。要是脊柱是一根硬硬的骨头就不能灵活运动了。

我们具体来看看一块脊椎骨是什么样的（见图5.29）。运动解剖学里对它的每一部分都有命名，如椎体、椎弓等，但我们不用管这些，只要了解两点就可以。

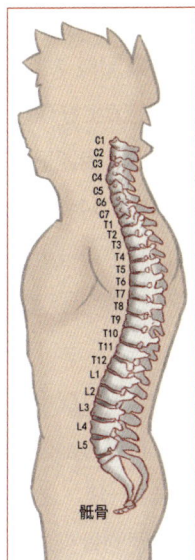

图5.28

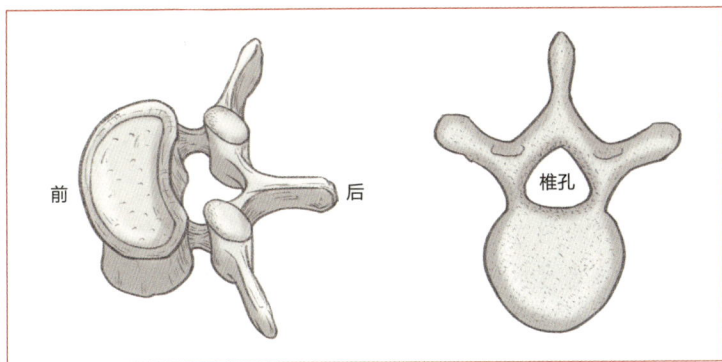

图5.29

❶搞清楚方向。我们要知道，脊椎骨圆的一侧朝我们身体的前侧，

突出的"枝丫"朝后。

❷知道"椎孔"的作用。椎孔简单说就是容纳脊髓的地方（这里是为了读者好理解，我做了通俗化处理。严格来说，椎孔里不都是脊髓。下面我还把脊髓比作电线，这些必要的通俗化处理把复杂的问题简单化，对我们理解内容很有帮助）。因为一块一块的脊椎骨摞在一起，每个脊椎骨都有一个椎孔，那么椎孔连着椎孔就形成了一根"管子"，脊髓就从里面通过。

好了，我们再进一步看看脊椎骨是怎么"摞"在一起的（见图5.30）。

脊椎骨都是硬的，如果硬的脊椎骨一块挨着一块，之间还要活动，那肯定很难受。硬的骨头之间要有软的东西垫着点，这个垫子就是椎间盘，我们把它理解成一个胶皮垫就可以。腰椎间盘突出，说的就是这个胶皮垫儿出了问题。如果它是实心的，那也不容易出问题，它的特殊之

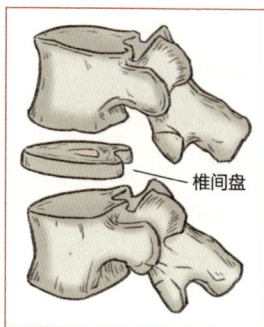

图5.30

处就在于它是"空心"的，外面是一圈一圈的"胶皮圈"，里面还有东西。

椎间盘里面有一个叫"髓核"的东西，它像一块软软的果冻，其中70%～90%都是水分，能流动，也能被挤压（见图5.31）。髓核的用处是在椎间盘受压的时候，把压力均匀分散给外面的"胶皮圈"（见图5.32）。这个作用很重要，因为椎间盘就是一个减震器，如果压力分布不均匀，减震效果就不好。

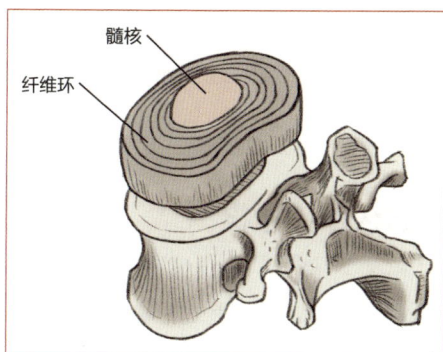

图5.31

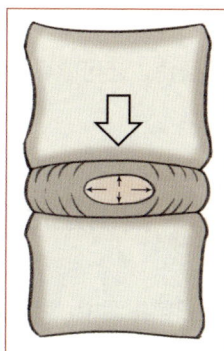

图5.32

　　但是，如果椎间盘外面的"胶皮圈"破了，这时椎间盘再被挤压，髓核就会被从"胶皮圈"破的地方挤出来。这就形成了腰椎间盘突出（见图5.33）。

　　那么为什么会腰疼呢？这是因为突出的

图5.33

髓核压迫到了神经根或刚才我们说到的锥孔里的脊髓（见图5.34）。

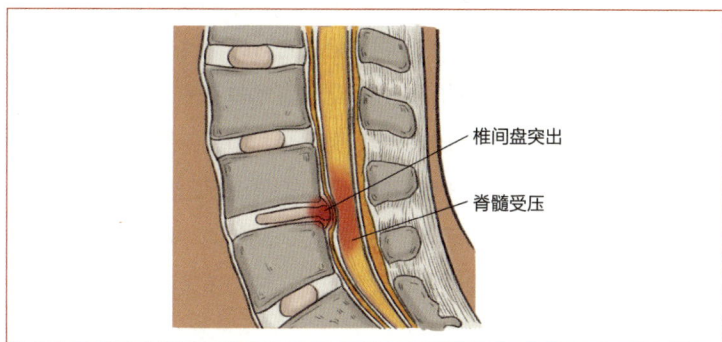

图5.34

而且，脊髓是联通大脑和下肢的"电线"，所以腰椎间盘突出的人，不仅会腰疼，还可能导致臀部、腿部、甚至脚部的疼痛或麻木。

5.5 日常生活中该怎么保护腰椎

日常生活中，我们该怎么保护腰椎，防止患上腰椎间盘突出症？主要注意下面这3点。

1. 减轻躯干重量，减少腰椎压力

既然我们不管是坐姿还是站姿，上身的压力都压在椎间盘上，那我们尽可能减轻上身重量，对减少腰椎间盘压力有好处。所以，肥胖的人就要注意减肥。除此之外，除非迫不得已，平时能不拿重东西就尽量不要拿，尽可能少让腰椎承受不必要的压力。

2. 平时注意身体的正确姿势

身体的姿势跟腰椎间盘压力关系很大，我们看下面的两项经典研究（见图5.35）。这是人体在不同姿势下腰椎间盘的压力，直立站姿时椎间盘的压力为100，其他不同姿势跟它对比。其中，灰色条和蓝色条分别代表这两项不同的研究，但结论基本差不多。

我们能看到，仰卧时腰椎间盘压力最小，但是还是有点压力。仰卧时虽然上身的压力不会压在腰椎上了，但椎间盘始终有一个内部压力，这是在肌肉、韧带作用下产生的压力。简单说，就算是躺着的时候，腰椎也还是在一定程度上收紧，肌肉、韧带还紧固着它，这也就总会产生一点压力。

不同的坐姿会产生不同的腰椎间盘压力。我们看图5.35中的姿势

5和姿势6会发现,上身坐直的时候,腰椎间盘的压力会比向前弓腰坐着小很多。而且,对比姿势3和姿势4,我们也能发现,在站姿下站直也比弓腰小很多。

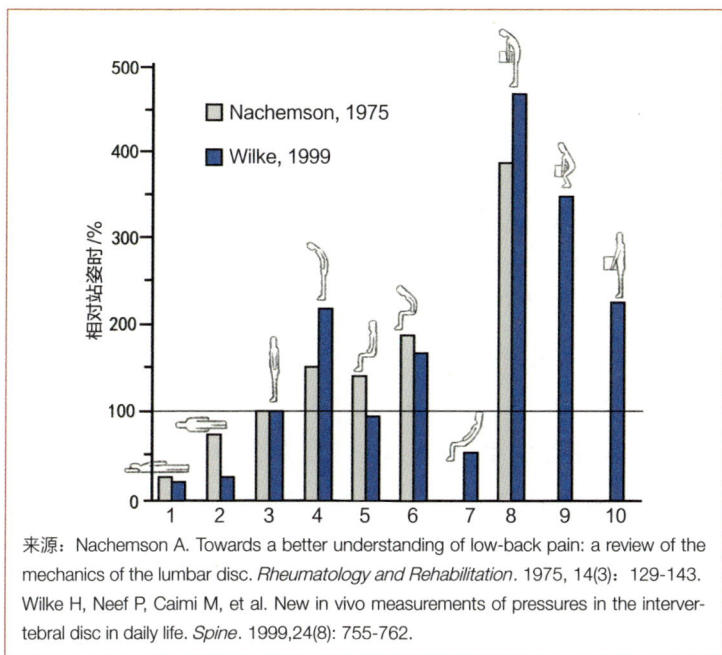

来源:Nachemson A. Towards a better understanding of low-back pain: a review of the mechanics of the lumbar disc. *Rheumatology and Rehabilitation*. 1975, 14(3):129-143. Wilke H, Neef P, Caimi M, et al. New in vivo measurements of pressures in the intervertebral disc in daily life. *Spine*. 1999,24(8): 755-762.

图5.35

之前讲过,腰椎间盘突出,其实就是椎间盘里面的髓核从后面被挤出来了,压迫到了后面的神经。如图5.36所示,当躯干过度前屈时,腰椎会向后凸,这时髓核就会被往后挤压,那么腰椎间盘向后突出的风险就会明显增大;而当身体反弓、躯干后伸时,腰椎则会向前凸,把髓核往前挤压,这时腰椎间盘突出的风险就会明显降低。实际上，有些已经患有腰椎间盘突出症的人可能会在医生指导下做躯干后伸的训练动作，在有的时候这能缓解症状，就是因为这个原理。

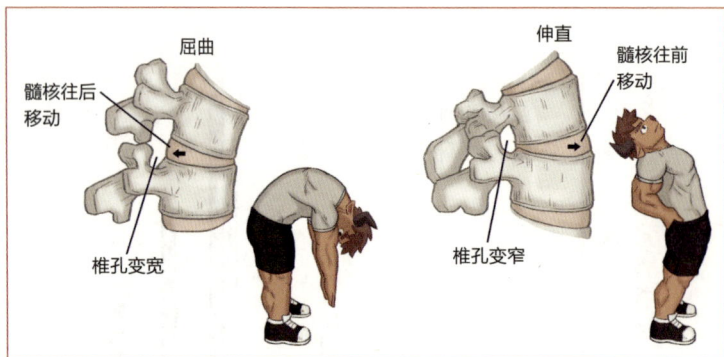

图5.36

我们再看图5.35中的姿势7，这种坐姿下的腰椎间盘的压力比坐直更小。这就是最理想的坐姿，身体往后靠坐。理想的靠坐姿势有两个要点，我们看下面的研究（见图5.37）。

这个研究给了4种不同的坐姿，我们能看到，前两种坐姿椅背都是垂直的，后两种椅背都是向后倾斜的。下面的箭头表示不同坐姿下腰椎间盘的压力，从左往右越来越小。所以，最理想的坐姿有两个要点。

第一点，也是最重要的一点是，椅子要向后倾斜，有倾斜角度的椅子比垂直的椅子要好。靠坐在向后倾斜的椅背上，腰椎的压力更小。

第二点，在腰部垫东西。不但要靠坐，还要直着腰靠坐，而不是弓着腰靠坐。在腰部垫东西，就会顶着腰椎往前凸，接近腰椎正常的生理曲度。

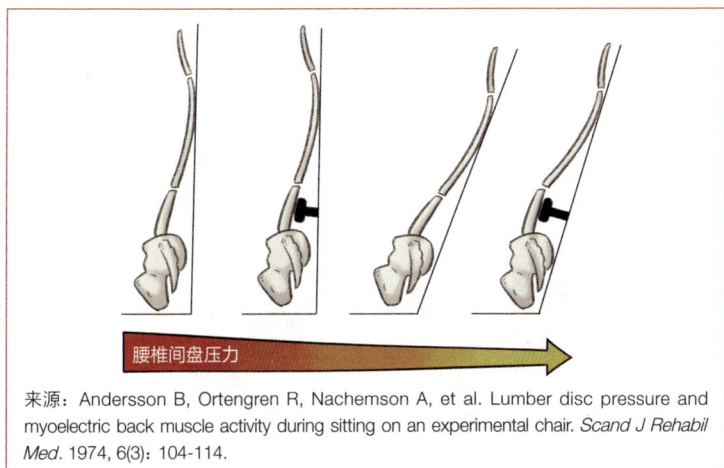

来源：Andersson B, Ortengren R, Nachemson A, et al. Lumber disc pressure and myoelectric back muscle activity during sitting on an experimental chair. *Scand J Rehabil Med*. 1974, 6(3)：104-114.

图5.37

3. 搬重物时注意"三原则"

我们再回到图5.35，最后的3种姿势是搬重物时腰椎间盘的压力。不管怎么样，搬重物时，腰椎间盘压力都会增大，这是因为有更多重量压在腰上了。但是如果搬重物时弓腰，那么腰椎间盘压力会明显增大，这时候腰椎间盘受伤的风险非常高。

搬重物的三原则，第一条就是不要弯腰去搬重物。

要怎么搬呢？要先下蹲，保持腰部绷直，既不要让腰弯曲，也不要过分后伸（反弓腰部），然后蹲起，用下肢的力量把重物提起来。图5.38所示分别为错误与正确的弯腰搬重物的动作。

当然，这种搬重物的方式也有缺点，那就是增加了膝关节的压力，尤其是在搬很重的东西的时候。俗话说"保护了腰，牺牲了膝"，确实是这样，就看我们如何取舍。对于有腰伤，或者非常担心腰伤的人来说，搬重物时要优先保护腰部；而膝关节有伤的人，则应该优先保护膝关节。

图5.38

接下来说搬重物的第二条原则，那就是尽量让重物靠近身体。原因也很简单，重物越靠近身体，重物的重心就离腰椎越近，这样阻力臂就越短，重物给腰椎的压力就越小。

最后，搬重物的第三条原则，就是要警惕虽然不重但体积很大的重物。

有这样一个案例：有个35岁的男性，在工作的时候搬起一个重量很小但体积很大的东西，导致腰部受伤。有的人很难理解，轻的东西也会把腰弄伤吗？如果这东西体积很大，的确有可能。因为我们搬东西的时候，物体的体积越大，它的重心就离我们的腰椎越远，即便这东西重量很轻，外力矩还是可能会很大，根据杠杆原理，它还是会给我们的腰椎带来很大的压力，如图5.39所示。

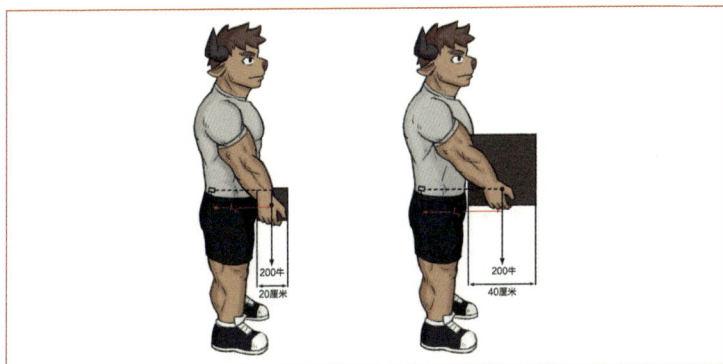

图5.39

5.6 健身时该怎么预防腰伤

我再说说怎么在健身时保护好腰椎，预防腰部受伤。

健身时我们能做到完全保护腰椎，不增加腰椎压力吗？这是做不到的。我们不可能在做深蹲时，扛一个杠铃，还不让腰椎间盘受到额外的压力。当然，除非你全都选择不会明显增加腰椎压力的动作，不做深蹲，只做器械腿屈伸，或者腿举，但这样，训练效果又不是很理想。所以，我们在训练时，不可能完全避免腰部受伤的风险，但是如果我们注意身体的正确姿势，可以最大限度地避免腰椎间盘受到额外的、不必要的压力，保护腰椎。

那么训练时我们应注意哪些方面呢？

1. 避免弓腰

我刚才说了，弯腰搬重物是较危险的动作，做力量训练时也是这样。要尽可能避免弓腰，尤其是做大重量训练时，比如硬拉、深蹲等。而且，我们在捡哑铃之类的东西时，也要注意用下蹲的正确姿势，千万不要弯腰捡重物。

2. 尽量避免在腰腹部肌肉疲劳（或受伤）的情况下训练

腰椎的稳定性主要靠腰腹部肌肉来提供。但当腰腹部肌肉疲劳的时候，它们维持腰椎稳定的能力就下降了，腰椎就容易受伤。所以在训练中，如果有腰腹部的训练和其他部位尤其是下肢的训练，那一定要把腰腹部训练放在后面。如果先练腰腹部再练其他部位，那么就可能因为腰腹部肌肉疲劳，增加腰椎受伤的风险。

另外，如果腰腹部肌肉受伤，那么一定要等腰腹部肌肉恢复之后，再做大重量训练，尤其是大重量的哑铃、杠铃等自由重量动作训练。

3. 腰腹部力量训练要适度，并选对动作

有的人会频繁地做腰腹部训练，其实从保护腰椎的角度讲，这样的做法是不可取的。腰腹部肌肉训练，尤其是腰部，建议每周专门训练1~2次就可以了。

为什么不建议过多训练腰腹部肌肉呢？因为腰腹部肌肉虽然能保护腰椎，但是腰腹部肌肉收缩时，腰椎压力也会增大。也就是说，腰腹部肌肉力量增强，对腰椎会产生保护作用，但是训练的过程中，也会增大腰椎压力，这是一件鱼与熊掌不可兼得的事。

同时，我们还要注意选对腰腹部的训练动作，比如，不建议做传统的腹肌训练动作——仰卧起坐。练腹肌，卷腹要比仰卧起坐好，对腰椎的压力要小得多。

我们来对比一下仰卧起坐和卷腹。我们看图5.40，可以发现最主要的区别是上身"起来"的程度不一样。仰卧起坐时，上身基本要全

部"坐起来";而卷腹只需要上身稍微离开地面就可以了,准确地说,只要两个肩胛骨离开地面就可以了。

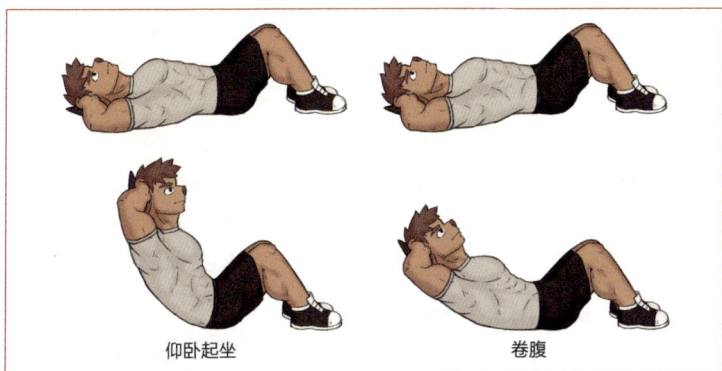

仰卧起坐　　　　　　　　卷腹

图5.40

　　此外,仰卧起坐的时候腰是"直"的,躯干没有弯曲,这个动作基本是以"屁股"为支点,上身"直挺挺"地坐起来。卷腹时则弯曲腰部,收缩腹肌。

　　我们回忆一下腹肌的功能就可以知道,卷腹时,腹肌明显向心收缩;而仰卧起坐时,腹肌基本只有等长收缩。腹肌收缩发力,但是没有弓腰,那么说明它的拮抗肌在明显伴随收缩。也就是说,仰卧起坐的时候,因为腰是直的,所以说明腰腹部肌肉在同时强力收缩;而卷腹的时候,腰部肌肉收缩就会少一些,这样,就减少了对腰椎的压力。有不少相关研究也支持这种观点。

　　还有研究认为,仰卧举腿相比仰卧起坐,也是一个对腰椎相对比较安全的腹肌训练动作。

减肥减肥，
我们减的是脂肪，
跟**肌肉**有什么关系呢?

你不要给
自己加戏!

来，先问个问题:
还有人记得基础代谢率吗?
（不记得!）

打个比方:
肌肉就像是驻扎在
我们身体里面的**军队**

军 队

肌肉是消耗热量的大户!

消耗热量的大户

是我!

我们的**肌肉越强壮**，
需要的热量就越多

一碗吃不饱，
再来3碗!

开饭了

养军队可是
需要军粮的!
热量，就是军粮

热量

肌肉多，
不仅提高身体的**基础代谢率**，
而且能够提高**运动表现**，
使减肥更容易

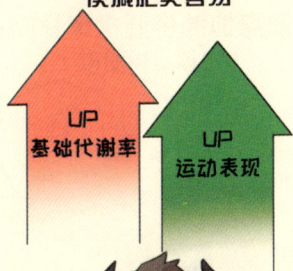

UP
基础代谢率

UP
运动表现

基础代谢率提高就更难胖，
运动表现更好就更容易瘦！
双管齐下，治标又治本！

CHANGE

既然说到基础代谢率，
这里就稍微提下**节食减肥**

最近又胖了！
我要节食！

科学节食确实能够起到减肥
的作用，但是**大多数人**
的方法都**不科学**

我准备先
绝食3天！

不科学

我……还不饿……

不吃早餐、
不吃中餐、
不吃晚餐、
甚至顿顿都不吃

我感觉你已经
快不行了……

149

虽然短时间体重下去了，
但是这么减肥后患无穷！

热量缺口太大，
身体首先就会
分解身体的资源来填补缺口
（也就是掉肌肉）

我怎么感觉头晕
眼花恶心想吐……

喂，你不是
"怀孕"了吧……

为什么我也
要搬砖……

长期热量缺口太大，
身体还以为我们遇到了饥荒，
就会采取应急措施

身体各项机能随之下降

耐力-10
敏捷-10
力量-10
智力-10

各部门，大事件！
快开启身体节能模式！

感觉很虚……

第6章

髋关节和下肢骨骼肌肉

下肢的运动

这一章讲下肢，主要涉及的骨骼包括股骨、胫骨和腓骨，主要涉及的关节包括髋关节和膝关节，主要涉及的肌肉包括臀部、大腿和小腿的肌肉。我们先来看看下肢骨骼的整体构成（见图6.1）。

我们要注意看下肢跟躯干的连接方式，其中有一个"中介"就是骨盆。简单说，我们的躯干通过腰椎跟骨盆连在一起，下肢再连接到骨盆上。所以，我们下肢的动作，其实有不少是包括骨盆动作的。比如屈膝收腹这个动作（见图6.2），如果仅仅是下

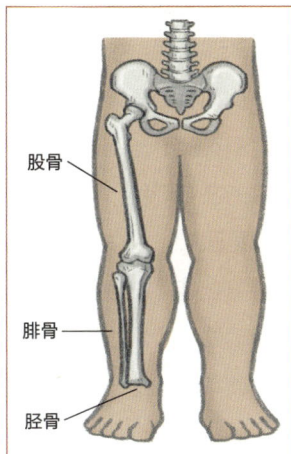

股骨

腓骨

胫骨

图6.1

肢运动，骨盆不动，那么我们的腿抬不了多高；而配合骨盆的运动，就可以让下肢更靠近躯干。

图6.2

躯干和骨盆之间能活动，骨盆和下肢之间也能活动，这样，我们的下肢就更灵活。同时，因为下肢和躯干之间有骨盆这样一个"中介"，所以，骨盆的形态也会影响下肢的形态。

比如有的同学觉得自己一条腿长一条腿短，但其实不一定是腿本身的问题，可能是骨盆的左右倾斜，导致腿的长短看起来不一样（见图6.3）。

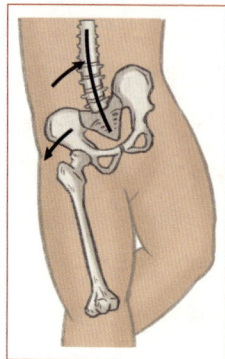

骨盆能左右倾斜，也能前后倾斜，这就是我们熟悉的骨盆前倾和骨盆后倾。骨盆前倾，简单说就是一个"翘屁股"的动作；骨盆后倾，就是一个"收屁股"的动作（见图6.4）。有人觉得这个"前后"不好理解，翘

图6.3

屁股不应该是"后倾"吗？其实，这个"前后"是针对骨盆而言的。

骨盆往前"倒"，就会让屁股翘起来；骨盆往后"倒"，臀部就

收起来了。而引起骨盆前后倾斜的肌肉，主要是之前讲过的腰腹部肌肉，很多腰腹部肌肉都是附着在骨盆上的。还有很多臀腿部肌肉也附着在骨盆上，它们也会影响骨盆的前倾和后倾（见图6.5）。

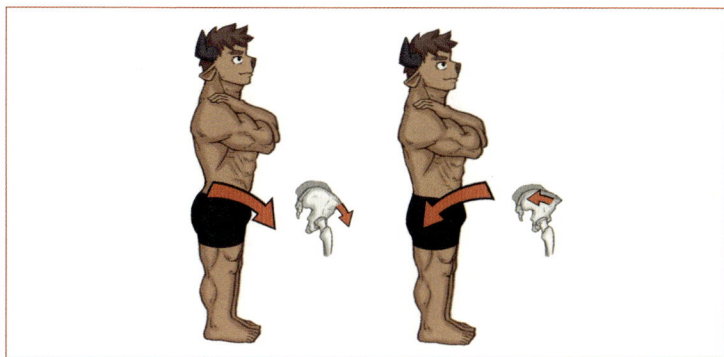

图6.4

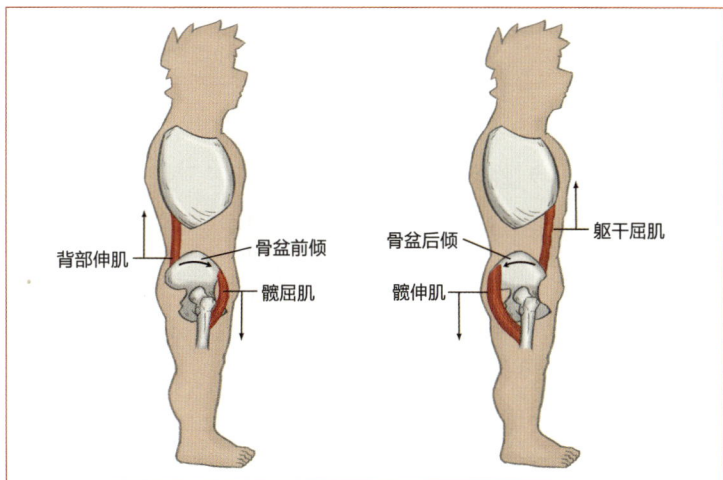

图6.5

在这里，我们先不需要对这些肌肉了解得太具体，总体上了解下肢肌肉怎么让骨盆运动就可以了。接下来，我们来看看下肢的整体运动。

先说髋关节。髋关节的运动，通俗地说就是大腿的运动。而大腿的运动，拆分开无外乎是在矢状面、冠状面、横切面上的运动。

在矢状面上，大腿往前抬叫髋关节屈，或者叫屈髋；大腿往后抬叫髋关节伸，或者叫伸髋。把屈曲的髋关节"收回去"叫"伸"，在站直的情况下大腿往后伸也叫"伸"，或者叫"过伸"也不算错（见图6.6）。

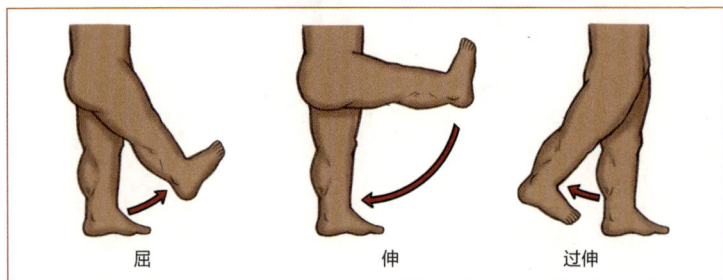

屈　　　　　　伸　　　　　　过伸

图6.6

在冠状面上，大腿的运动跟胳膊一样，也是外展和内收（见图6.7）。

在横切面上，髋关节还可以旋转（见图6.8）。但要注意，髋关节的旋转要跟膝关节的旋转区

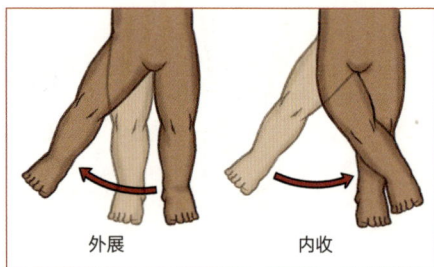

外展　　　　　内收

图6.7

分开，这就像我们要把上臂的旋转跟前臂的旋转区分开一样。髋关节

的旋转是小腿不动，只转动大腿。

　　髋关节的旋转，也就是大腿
的旋转非常有用，比如我们做侧
抬腿的动作，当大腿外旋时，我
们就能把腿抬得更高。这是因为
大腿不外旋的话，股骨大转子就
会被顶在骨盆上；大腿外旋的话，

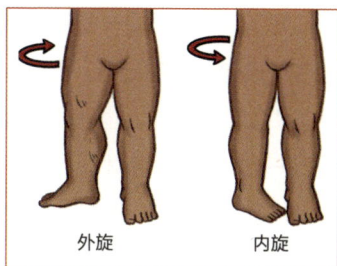

图6.8

大转子旋转到下面，活动空间就大得多了（见图6.9）。

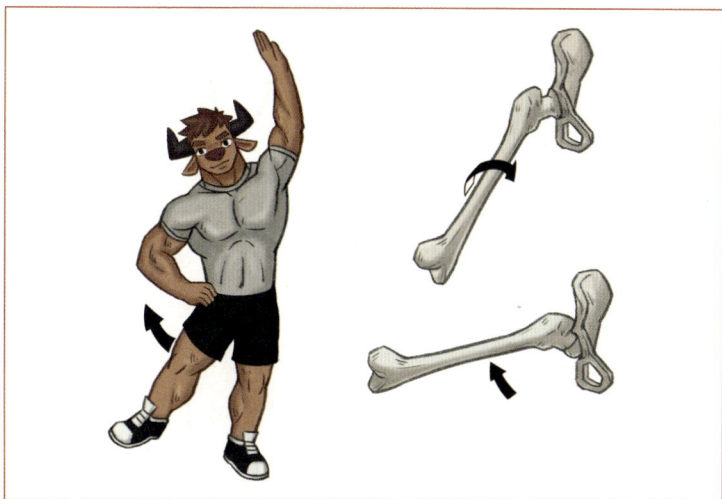

图6.9

　　日常生活中的很多动作，其实都是在下肢运动时配合了大腿旋转，
比如盘腿坐。大家感受一下，如果大腿不旋转，我们是不可能盘腿坐
下的。

　　好了，我们再看一看膝关节的整体运动。膝关节不能在冠状面上运动，只能屈伸和旋转。图6.10所示的运动就是膝关节的屈曲和伸直。膝关节的旋转，也就是小腿的旋转（见图6.11）。膝关节只有屈曲到一定程度的时候才能旋转，膝关节伸直到一定程度的时候，就无法旋转了，大家可以自己试一试。这是因为当膝关节伸直到一定程度时，膝关节韧带会绷紧，限制了膝关节的旋转。

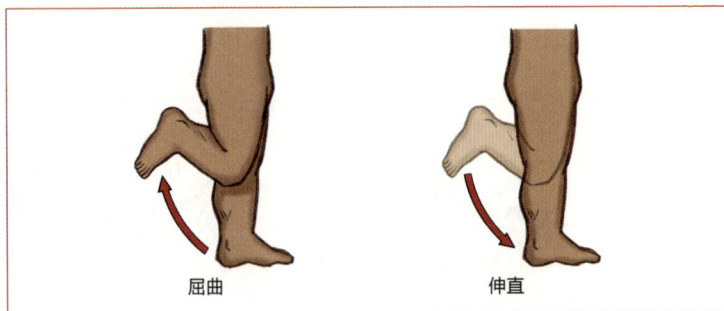

屈曲　　　　　　　　伸直

图6.10

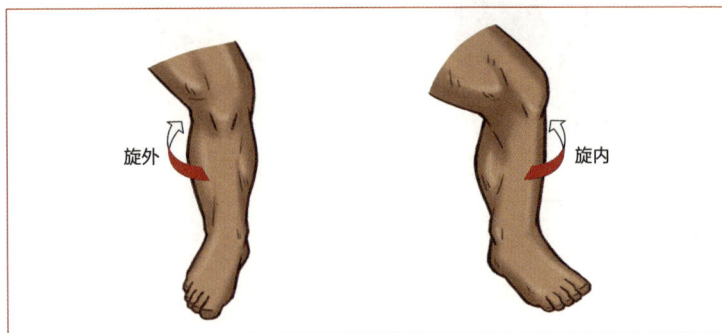

旋外　　　　　　　　旋内

图6.11

6.2　股骨、胫骨和腓骨

大腿有一根骨，叫股骨；小腿有两根骨，叫胫骨和腓骨。下肢的骨与两个重要的关节相关——髋关节和膝关节。

髋关节就是股骨和骨盆组成的关节（见图6.12），通俗地说，也就是我们的大腿和胯组成的关节。

腿上的很多肌肉都连接着股骨和骨盆，总之都是跨越髋关节的，于是就带来了髋关节的复杂运动。髋关节是一个球窝关节，股骨最上端是一个"圆球"，嵌在骨盆上的一个"坑"里，这个坑叫髋窝，于是股骨就可以非常灵活地活动。

我们再来单独看一下股骨（见图6.13），关注以下两点。

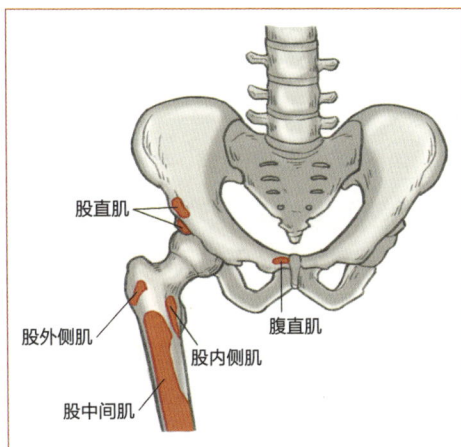

图6.12

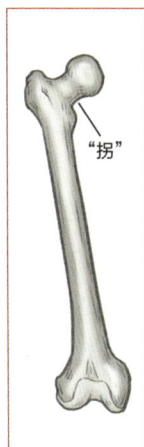

图6.13

❶股骨其实不是一根很"直"的骨头，它是倾斜的。关于这一点

后面会详细讲。

❷股骨上端还有一个"拐"，拐出来一段的末端就是嵌在髋窝里的"圆球"，也就是股骨头。

注意，股骨有一个"拐"，必然就有一个角度，每个人的这个角度都不完全相同，正常的角度为125度，也有的人的角度偏大或偏小，如图6.14所示。

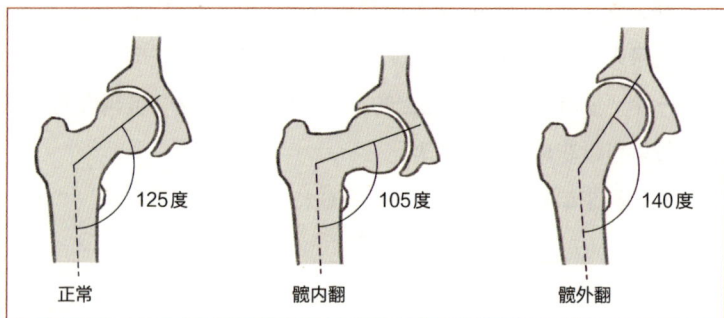

图6.14

角度偏小的叫髋内翻，角度偏大的叫髋外翻。有些人的倾斜角度先天就不正常，有的则是后天外伤引起的。髋内翻或髋外翻，就叫髋关节对位不正。简单说，就是股骨头虽然在"坑"里待着，但待的位置不正确。这样，活动时就可能会产生影响，让髋关节承受不正常的压力，造成问题。而且，倾斜角度不正常，还会影响到腿。很好理解，倾斜角度过大或过小，会影响到股骨的倾斜度，所以有时候股骨倾斜的角度不正常，还会导致下肢形态异常。

不管引起什么结果，这都是骨头的问题，除非手术，否则没法改变。所以，有的人觉得髋关节形态不好，或者腿的形态不好看，做几

个训练动作就能调节，其实这往往
是做不到的。

我们再看看膝关节（见图6.15）。

我们要对股骨的"倾斜"有个
整体的印象，要知道大腿看着是直
的，但股骨其实是"斜"的。因为股
骨的倾斜，所以我们看下肢骨骼的时
候，要关注"三条线"（见图6.16）。

第一条线是重力线，也就是一
条垂直向下的线；第二条线是髋关
节、膝关节与踝关节的连线；第三
条线是股骨轴线与胫骨轴线的连线。

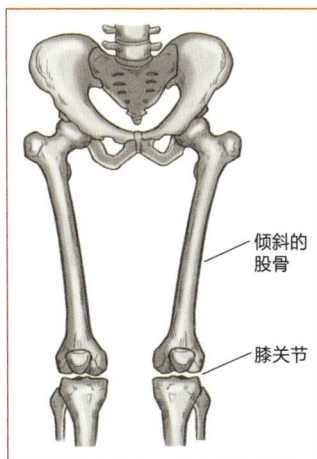

图6.15

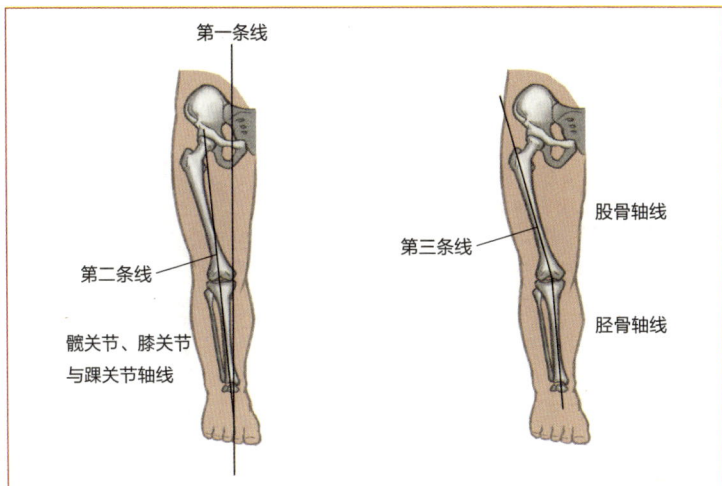

图6.16

我们会发现，不但第一条线和第二条线不重合，第二条线和第三条线也不重合，也就是说，我们的股骨也是"斜着"连接在胫骨上的。股骨和胫骨的角度一般是170～175度。如果小于165度，就被认为是膝外翻，也就是我们俗称的"X型腿"；如果大于180度，一般被认为是膝内翻，也就是"O型腿"。

女性股骨与胫骨的角度，在生理上一般比男性小。所以，女性更容易出现X型腿，而且女性的膝关节在运动中受伤的风险一般也更大。其实这也好理解，女性的骨盆比男性的骨盆宽，那么股骨自然就更倾斜一些。

接下来我们看图6.17。膝关节主要就是由股骨和胫骨形成的关节。小腿虽然有两根骨头——胫骨和腓骨，但是膝关节跟腓骨关系不大，腓骨跟股骨是没有关节连接的。

关于膝关节，我们要注意一点，它是一个两轴关节，就是说，它只能在两个维度上运动。

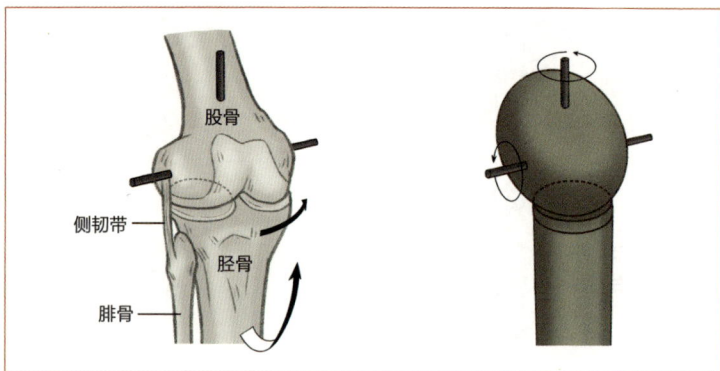

图6.17

这一点刚才讲过，膝关节只能屈伸（也就是在矢状面上运动）和旋转（也就是在横切面上运动），不能在冠状面上运动，也就是说不能外展和内收。这主要是受韧带的限制。

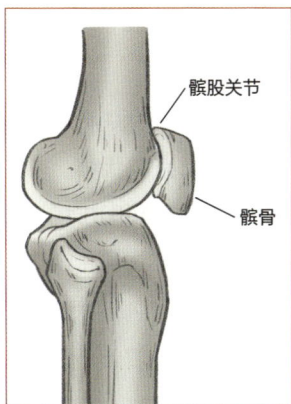

髌股关节

髌骨

图6.18

另外，刚才说膝关节主要是由股骨和胫骨组成的关节，有"主要"，那么就有"次要"。其实，膝关节是由两个关节组成的，除了由股骨和胫骨组成的股胫关节，还有一个关节叫髌股关节，就是由股骨和我们俗称的"膝盖"所组成的关节（见图6.18）。关于髌股关节，大家要注意，它是由股骨和髌骨组成的，跟胫骨没什么关系，髌骨跟胫骨并不接触。

髌骨看起来不起眼，实际上却很重要。人为什么要有膝盖？这点后面会讲。

6.3 髋关节的肌肉

下面开始讲髋关节的肌肉，简单说，也就是大腿上的肌肉。

刚才讲了，大腿的运动无非就是3类：在矢状面上的屈、伸，在冠状面上的外展、内收，以及在横切面上的旋转。所以，我们把大腿上的主要肌肉也分成3类：屈伸肌、外展内收肌、旋转肌。

我们先看屈伸肌。髋屈肌是负责大腿屈曲的肌肉，主要有髂腰肌、缝匠肌、阔筋膜张肌、股直肌。

髂腰肌

髂腰肌是两块肌肉的统称——髂肌和腰大肌。来看它们的位置（见图6.19）。

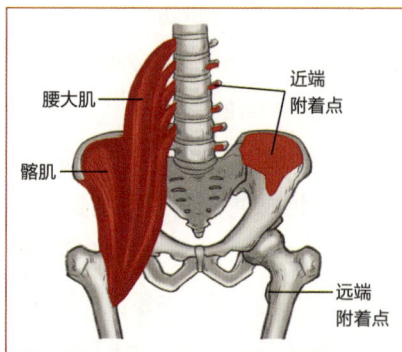

图6.19

这两块肌肉都在我们身体的前侧。髂肌和腰大肌的上端（近端附着点）分别连接着骨盆和腰椎，下端（远端附着点）都连接在股骨上。

很显然，这两块肌肉可以让大腿前屈，让大腿靠近腰胯的位置。因为这两块肌肉的起点，也就是上端的连接点不一样，所以它们的功能有一些差别。

比如，髂肌连接着骨盆，它主要的作用是使骨盆前倾，与腹肌等肌肉一起稳定骨盆。腰大肌因为连接着腰椎，对腰椎的稳定有很重要的作用。

缝匠肌

缝匠肌是人身上最长的一块肌肉，在大腿前侧斜着分布，连接着骨盆和胫骨，也就是从前面把胯和小腿连在了一起（见图6.20）。

缝匠肌的功能有很多。它是斜着连接胯和小腿的，所以我们想象一下，它的收缩可以让大腿前屈，还能让髋关节外展，也就是大腿往外侧摆。而且，它连接在小腿内侧，所以有让大腿外旋的作用。此外，它还能让膝关节弯曲，有屈膝的作用，这也很容易想象到。

其实，缝匠肌的4个主要功能结合在一起，就形成了一个我们常做的动作，那就是跷二郎腿。把跷二郎腿这个动作分解一下，正好是大腿前屈、髋关节外展、大腿外旋、膝关节屈曲这4个动作的结合。所以，大家记忆缝匠肌的功能时，记住"跷二郎腿"就可以了。为什么叫"缝匠肌"呢？其实，这个名字的来源是拉丁语里面"裁缝的坐姿"，那时候裁缝就以类似跷二郎腿的姿势坐着。

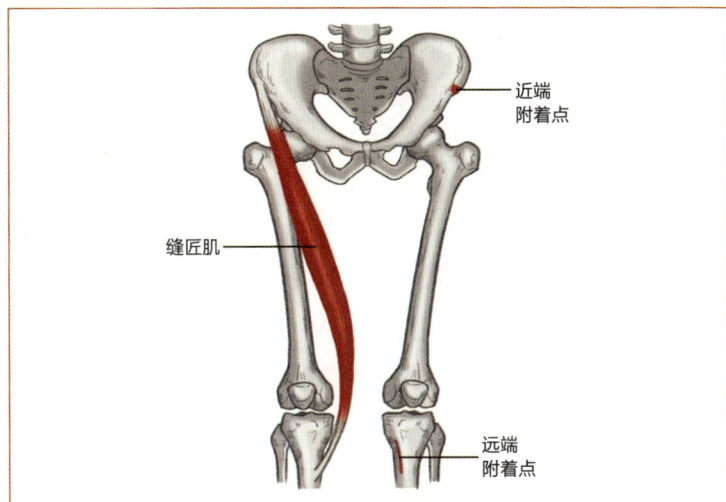

图6.20

阔筋膜张肌

阔筋膜张肌从侧面连接着骨盆和胫骨（见图6.21）。阔筋膜张肌能让大腿前屈，此外还有让髋关节外展的作用，即让大腿侧摆。

股直肌

股直肌是股四头肌中的一块肌肉（见图6.22）。

股直肌从前面连接着骨盆和胫骨，很明显，它一收缩就会引起明

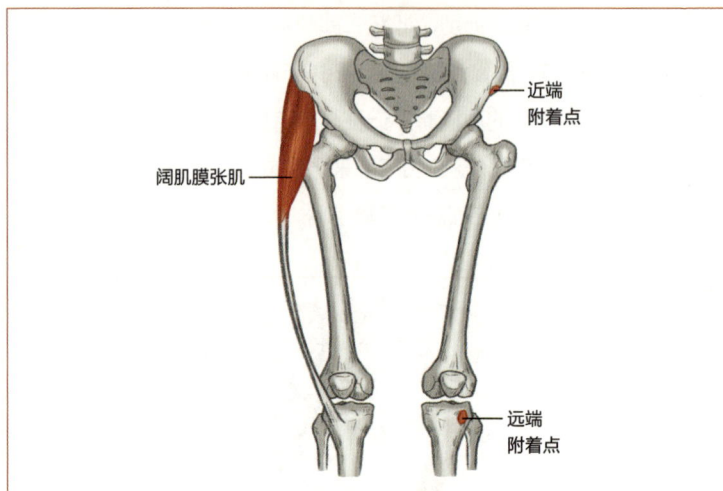

图6.21

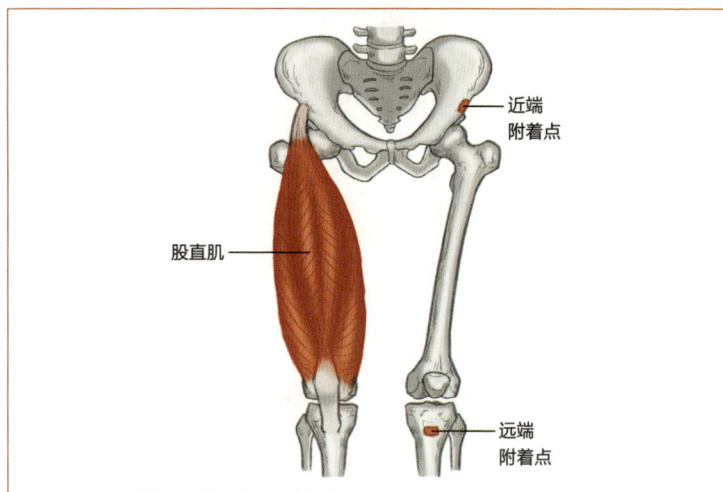

图6.22

显的髋关节屈曲。股直肌是很重要的髋屈肌。另外，因为股直肌与胫骨连接，跨越髋关节和膝关节两个关节，所以它还有伸膝的作用，也就是让膝关节伸直。

好了，以上讲的都是主要的髋屈肌，也就是让大腿往前屈的肌肉。接下来讲髋伸肌，也就是让大腿往后摆的肌肉。让髋关节伸展的主要的肌肉是臀大肌、股二头肌、半腱肌、半膜肌。其中，股二头肌、半腱肌、半膜肌这3块肌肉统称腘绳肌。

臀大肌

先说臀大肌（见图6.23）。注意臀大肌的附着点，它靠里面的一端附着在骨盆上，更准确地说是附着在骨盆最中间的位置。另一端附着在两个地方：一部分附着在股骨上，就是图中标记的"远端附着点"；另一部分附着在髂胫束上。我们不用准确记忆这些肌肉附着点，记住臀大肌就是从身体后侧连接着骨盆和大腿就可以了。它一收缩，腿从后面靠近骨盆，那么就是一个髋关节伸的动作。

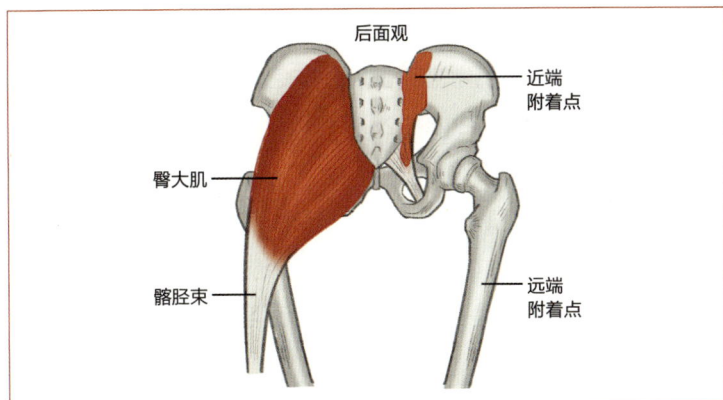

图6.23

臀大肌除了有伸髋的功能，还有让大腿外旋的功能。因为臀大肌有伸髋的功能，而如果我们腿不动（远端固定），那么臀大肌收缩就有让骨盆运动的作用，具体说就是让骨盆后倾（收屁股）。

另外，大家还记得阔筋膜张肌吧，它也连接在髂胫束上面。实际上，臀大肌和阔筋膜张肌是一对呈"V"字形的肌肉（见图6.24）。

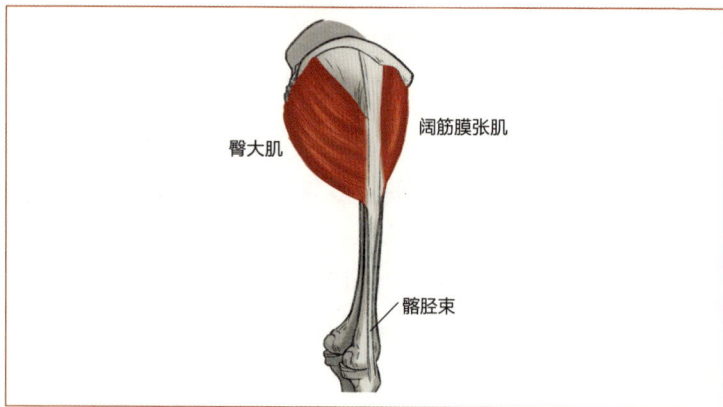

图6.24

如果臀大肌和阔筋膜张肌同时收缩，它们的合力就会让大腿外展（见图6.25）。所以，臀大肌还有一定的髋外展的功能。

还有两块跟臀大肌有关的肌肉——臀中肌和臀小肌。这两块肌肉在"胯"的侧面，功能是让大腿外展，是人体主要的外展肌。后面再讲这一内容。

图6.25

腘绳肌

腘绳肌是3块肌肉（股二头肌、半腱肌、半膜肌）的统称。这3块肌肉都在大腿后侧，连接着小腿和骨盆。图6.26所示是半腱肌和股二头肌长头。

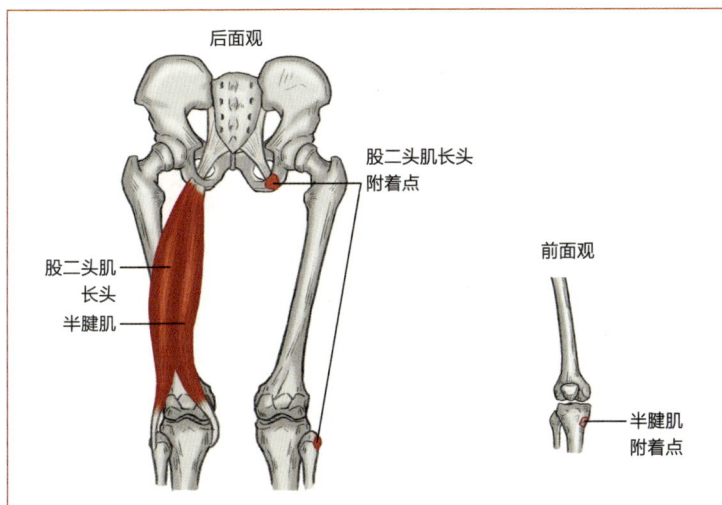

后面观

股二头肌长头
附着点

股二头肌
长头

半腱肌

前面观

半腱肌
附着点

图6.26

图6.27所示是半膜肌和股二头肌短头。

关于腘绳肌，我们注意3点。

❶腘绳肌从大腿后侧连接着小腿和骨盆，所以它收缩会有往后抬腿的作用，也就是伸髋的功能。这是腘绳肌的基本功能。

❷注意，腘绳肌连接的不是大腿和骨盆，而是小腿和骨盆，跨越了膝关节和髋关节两个关节，所以腘绳肌不但有伸髋的功能，还有屈膝的功能。

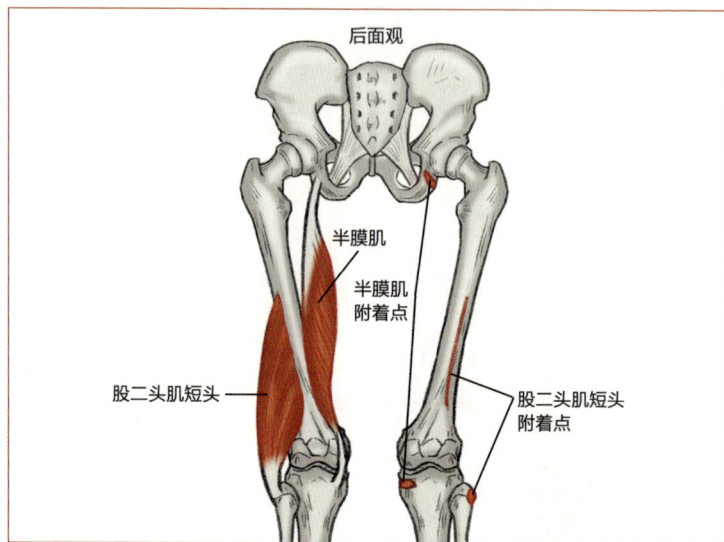

图6.27

❸注意看腘绳肌下端的附着点，半膜肌和半腱肌都附着在胫骨内侧，股二头肌附着在腓骨的外侧，所以，腘绳肌还有让膝关节旋转的作用。但关于腘绳肌的这个作用，我们不用太在意，大致了解就可以。

臀大肌和腘绳肌的主要功能就是伸髋，一个典型的训练动作是硬拉（见图6.28）。

硬拉不是大腿向后摆靠近骨盆，而是下肢固定，上身运动。实际上，如果只看大腿的动作，很容易看出它的动作本质是伸髋。当然，它也能同时训练很多腰背部肌肉，是一个需要很多肌肉参与的复合动作。

臀桥也是一个典型的训练动作。我们注意看，其实它也是大腿向后摆，靠近骨盆的一个动作（见图6.29）。

图6.28

图6.29

　　深蹲也有伸髋动作，它是一个屈膝和伸髋动作的结合，所以，它也能训练臀大肌和腘绳肌（见图6.30）。弓步蹲其实也一样，是单腿伸髋（见图6.31）。

图6.30

图6.31

最后别忘了，因为腘绳肌是双关节肌肉，不但能伸髋，还有屈膝的作用，所以腿弯举动作也能训练腘绳肌（见图6.32）。

图6.32

好了，我们再看让大腿外展和内收的肌肉。

髋外展肌主要有3块：臀中肌、臀小肌、阔筋膜张肌。阔筋膜张肌已经讲过了，它也是一块主要的髋屈肌。接下来讲臀中肌和臀小肌。

臀中肌、臀小肌

我们先看这两块肌肉的位置。

图6.33所示是从侧面看臀中肌的位置。它连接着骨盆侧面和股骨侧面，所以很简单，它一收缩，大腿会从侧面抬起来外展。

臀中肌是最重要的髋外展肌。从肌肉横截面积来看，臀中肌大约占所有髋外展肌的60%（臀小肌约占20%、阔筋膜张肌约占11%）。

臀中肌除了可以让髋关节外展，还有让髋关节内旋和外旋的功能。大家可能觉得奇怪，一块肌肉怎么既能让髋关节内旋，又能让髋关节外旋呢？其实这是因为臀中肌正好

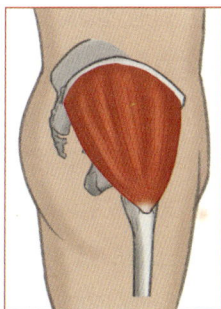

图6.33

在髋关节侧面的中间，而且它很宽，所以它前面的肌纤维收缩能带来大腿的内旋，后面的肌纤维收缩能带来大腿的外旋。

臀小肌的位置跟臀中肌的位置基本一样，就在臀中肌"里面"。相当于臀中肌覆盖着臀小肌。

关于臀中肌和臀小肌，我们简单了解就可以了。

我们再来统一看一下髋关节外侧和后侧的肌肉（见图6.34）。

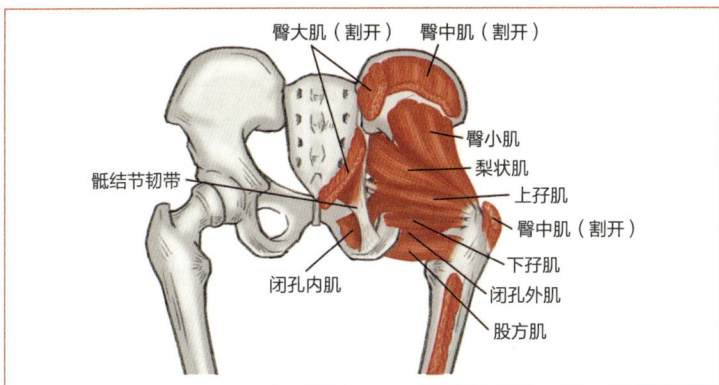

图6.34

这些肌肉里面，已经讲过臀大肌、臀中肌、臀小肌，其余的小肌肉，我们大致了解一下就可以了。

髋内收肌也简单讲一下。

髋外展肌在胯部的外侧，一收缩能把大腿从侧面向外拉起来。那么，髋内收肌就是在大腿内侧，一收缩能把大腿向内侧拉。

主要的髋内收肌有耻骨肌、长收肌、短收肌、股薄肌、大收肌。除了股薄肌之外，其他内收肌都连接着股骨内侧和骨盆，这样一收缩，就会让大腿往里收，比如下面这个动作（见图6.35）。

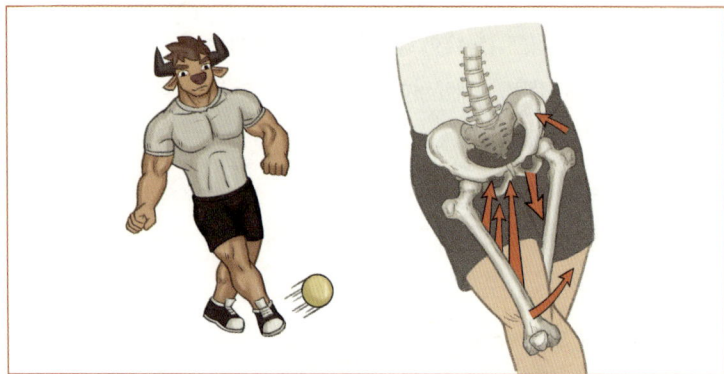

图6.35

髋内收肌还有一些在矢状面上的功能，也就是说，髋内收肌还能让大腿屈和伸。这其实也好理解，比如我们在坐着的时候，股骨远离骨盆，股骨内侧当然也是远离骨盆的，这时有的髋内收肌就被拉长了。那么从坐的状态站起来，做伸髋的动作时，这些髋内收肌便会收缩发力。

最后，就不单独讲负责髋关节旋转的肌肉了。多数在矢状面和冠状面上的髋关节部位的肌肉，都能让髋关节旋转。从健身的角度来说，了解这些肌肉的功能不是很重要。

6.4 膝关节和踝关节肌肉

接下来讲膝关节的肌肉，顺带也把踝关节的主要肌肉讲一下。

这里主要讲膝关节的屈肌和伸肌，因为膝关节主要的关节活动就是屈伸，也就是弯曲腿和伸直腿。

腓肠肌

膝关节屈肌主要是腘绳肌和腓肠肌。腘绳肌在大腿后侧，可以让髋关节伸展，但因为它下端还附着在小腿骨上，所以也能让膝关节屈曲，成为重要的膝关节屈肌。而腓肠肌在小腿上，它也是重要的膝关节屈肌（见图6.36）。

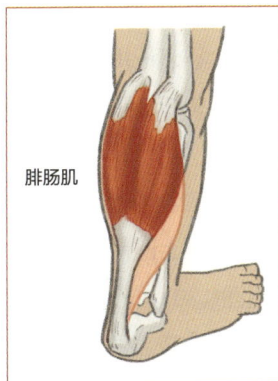

腓肠肌

图6.36

可能有人觉得奇怪，小腿肌肉怎么能弯曲膝关节呢？其实，腓肠肌是一块双关节肌肉，连接着股骨的下端和跟骨，也就是连接着大腿下端和脚后跟，所以腓肠肌既能让膝关节动弹，也能让踝关节动弹。

图6.37中标注了4块重要的下肢肌肉。腓肠肌在踝关节上的作用，就是形成"踮脚尖"的动作（见图6.38）。在运动解剖学中，这叫踝关节跖屈。

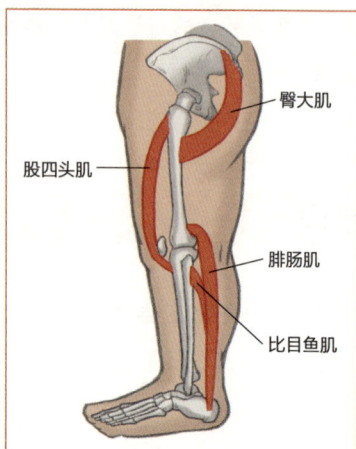

图6.37

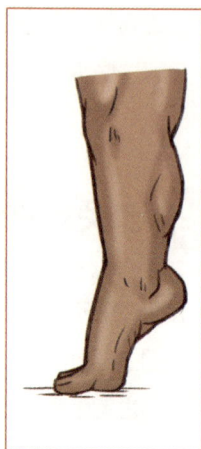

图6.38

大家还记得吧，踮脚尖和绷脚尖都叫踝关节"屈"。绷脚尖叫背屈，就是脚向着脚背的方向屈；踮脚尖叫跖屈，就是脚向着脚心的方向屈。

比目鱼肌

小腿上还有一块重要的肌肉叫比目鱼肌（见图6.39），它是一块深层肌肉，在腓肠肌下面，被腓肠肌覆盖着。比目鱼肌下端也附着在脚后跟上，上端则附着在小腿骨上，所以，它只跨越了踝关节，只能让踝关节跖屈。

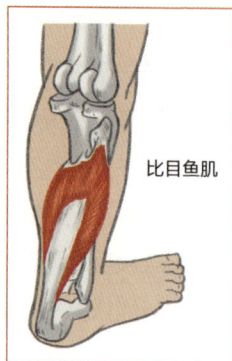

图6.39

腓肠肌和比目鱼肌都是帮助做踮脚尖动作的肌肉，我们在走路的时候，脚尖会用力，就能用到这些肌肉。但是它们的分工很明确，形象地总结为一个

"动"、一个"静"。

腓肠肌是"动"的肌肉，它比较大，而且有力，快肌纤维（也就是收缩快、收缩力量大的肌纤维）占的比例较大。在快速跑步、弹跳时，小腿的爆发力量主要是由腓肠肌提供的。比目鱼肌在深层，主要由慢肌纤维组成，作用主要是站立时保持身体稳定，所以是"静"的肌肉。

小腿肌肉的训练动作主要是提踵。其中，坐姿提踵偏重训练比目鱼肌，站姿提踵偏重训练腓肠肌，主要是由于肌肉的长度—张力关系。因为腓肠肌是双关节肌肉，还跨越膝关节，所以屈膝的时候，它的长度较短，肌肉较松弛。因此，它发力就受到限制，那么这时候提踵，更多依赖于比目鱼肌了。站姿提踵时腓肠肌利于发力，因此能得到不错的训练。

股四头肌

好了，说完膝关节屈肌，最后说说让膝关节伸展的肌肉。此处主要介绍大腿前侧的股四头肌。

顾名思义，股四头肌有4个肌头，我们也可以简单地理解成股四头肌由4块肌肉组成。这4块肌肉是股外侧肌、股内侧肌、股中间肌、股直肌。

股四头肌中的股直肌在讲髋关节的时候讲过了，因为它是双关节肌肉，跨越了髋关节，所以在髋关节上有运动功能，能让髋关节屈曲。而股四头肌剩下的3块肌肉都是单关节肌肉，只跨越膝关节，这里主要讲这3块肌肉（见图6.40）。

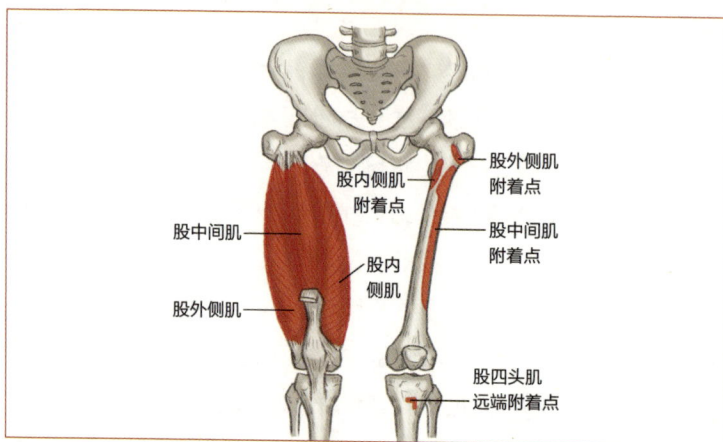

图6.40

我们看图6.40，了解股外侧肌、股内侧肌、股中间肌的附着点。总的来说，它们都连接着股骨和胫骨，也就是大腿和小腿，跨越膝关节。所以，股四头肌一收缩，就会从前侧把小腿拉向大腿，形成膝关节伸这个动作。

股四头肌的训练很简单，最常见的动作就是深蹲。深蹲是一个典型的膝关节伸的动作（见图6.41）。

图6.41

而各种不同的蹲起，当然都有训练股四头肌的作用。关于深蹲，很多人喜欢讲得非常复杂，实际上，我们看深蹲的本质，其实就是一个伸直腿的动作。

这里顺便说一下腿举这个动作（见图6.42）。对于腰不好的人来说，腿举比深蹲好，因为它不会把重量压在腰上。但是要注意，腿举时要把腰胯部紧贴在靠垫上。

图6.42

还有一类动作是直接伸膝的动作。相对于深蹲而言，这类动作对腰部就更没有什么压力了，也适合腰不好的人训练（见图6.43）。

图6.43

关于股四头肌，下面重点讲一下它跟膝盖的关系。

我在前面留了个悬念——人为什么要有膝盖？讲到股四头肌这里就可以告诉大家了，因为股四头肌下端的肌腱跟膝盖连接在一起。

我们知道，股四头肌下端连接着胫骨，而我们能看到，膝盖就被包裹在股四头肌连接胫骨的韧带里面（见图6.44）。也就是说，股四头肌先跟膝盖连接在一起，再连接到胫骨上。所以，股四头肌收缩会直接影响到膝盖，这一点大家一定要记住。

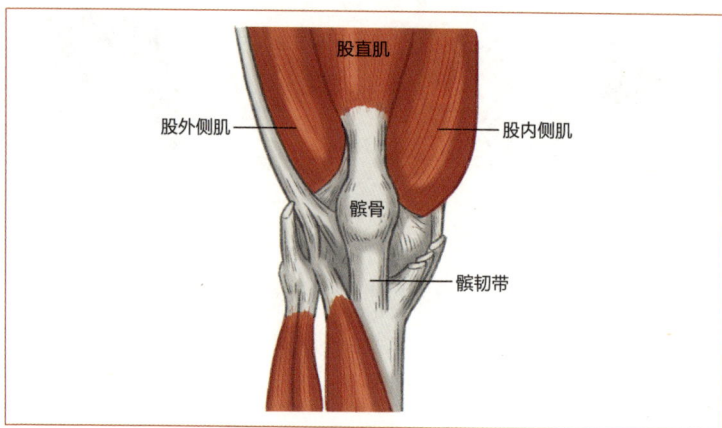

图6.44

我们现在做一个小实验。伸直腿，把脚搭在椅子上，放松腿部肌肉，这时候我们去摸膝盖，然后轻轻左右晃动它，会发现它是"活动"的。但是，如果这时我们把大腿前侧的肌肉绷紧，就会发现膝盖不能左右活动了。这其实就是因为膝盖被包裹在股四头肌的肌腱里，股四头肌一收缩，拉紧了肌腱，所以膝盖也被拉紧固定住了。

通过这个小实验可以体会膝盖（也就是髌骨）和股四头肌的关系。

也很容易想到，当我们弯曲膝关节的时候，再收紧股四头肌，那么膝盖必然会贴紧股骨，产生一个向里的压力（见图6.45）。而且很显然，在股四头肌用力的时候，膝关节越是弯曲，这个压力就越大。

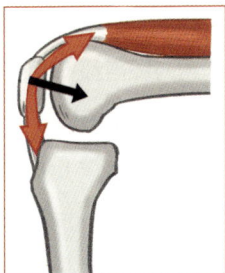

图6.45

比如下蹲的时候，膝关节弯曲的程度越大，压力就越大。"深蹲时膝盖不能超过脚尖"这一说法本来是对膝关节有问题的人而说的，这些人在康复治疗中，往往会被这样要求。因为下蹲时如果膝盖越超过脚尖，说明膝关节弯曲程度高，那么膝盖产生的向内的压力就大；而膝盖不超过脚尖，膝关节弯曲程度就小一些，也就安全一些。所以，"不能超过脚尖"就成了一个粗暴的标准。其实，不管膝盖超不超过脚尖，膝盖都有一个向内的压力，只不过有大小的区别（见图6.46）。最后，这种说法流

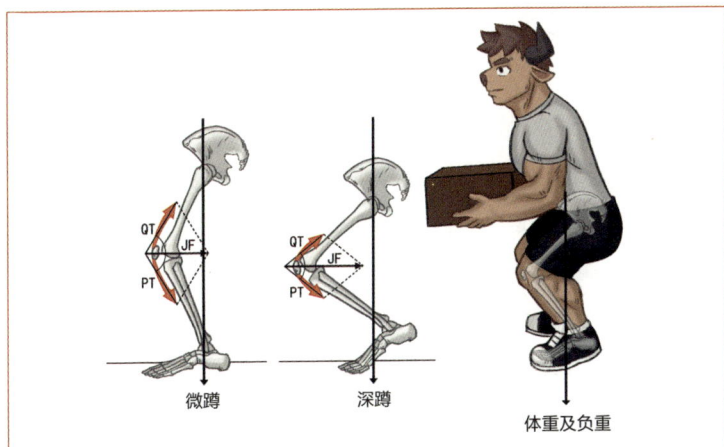

微蹲　　　　深蹲　　　　体重及负重

图6.46

传开来，本来是针对膝关节有伤的人群，但是慢慢地演变成所有人做深蹲时膝盖都不能超过脚尖。这本来是一个科学的观点，但出现了错误的理解和传播。

好了，接下来我们再看一下髌骨是怎么跟股骨结合在一起的（见图6.47、图6.48）。

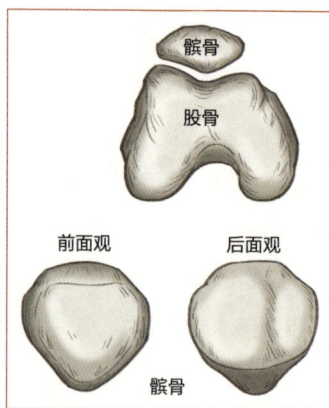

图6.47

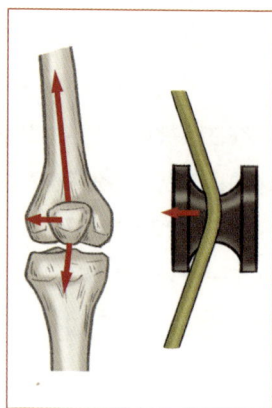

图6.48

我们能看到，股骨下端跟髌骨挨着的地方有个凹槽，而髌骨里面有个凸起，一凹一凸，刚好嵌在一起。所以，我们能很自然地想到，如果膝盖的凸起在这个凹槽里来回活动，那么膝盖是很"舒服"的。但如果有些力量拉着髌骨偏离了凹槽，那么就会对髌股关节产生压力，并可能造成问题，比如出现髌股关节疼痛。

那么，什么力量会拉着髌骨偏离凹槽呢？那就是股四头肌的力量。刚才讲过，膝盖被包裹在股四头肌的肌腱里，股四头肌收缩，就会影响到膝盖。

如图6.49所示，股四头肌由4块肌肉组成，每一块肌肉都有一条自己的力量线（股内侧肌有两条），这5条力量线会形成一个合力，就是"股四头肌合力"的力量线。

如果这个合力方向合适，那膝盖就会在股骨的"凹槽"里活动；如果合力方向往外侧偏，那么它就会拉着膝盖往外偏。所以，我们能看到一个角度——Q角，它就是描述股四头肌力量线偏移的角度。Q角大，说明股四头肌更往外偏，那么髌骨出现问题的概率就越大。

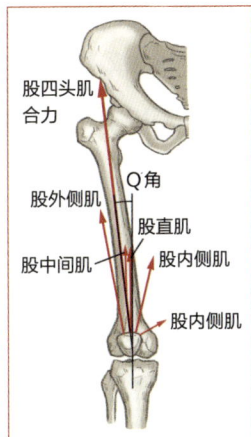

图6.49

因为女性的骨盆较宽，其股骨更倾斜，股四头肌力量线更向外，Q角更大，所以女性更容易出现髌股关节的问题。同样，有膝外翻（也就是X型腿）的人，也容易产生这种问题（见图6.50）。

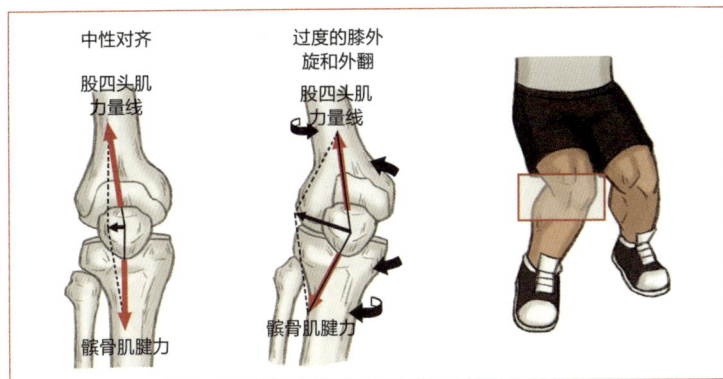

图6.50

　　另外我们注意，股四头肌有4个头，除去股直肌，其他3股力量分别朝着内侧、中间、外侧3个方向拉髌骨。所以，这3股力量中，如果内侧和外侧的力量不均衡，有一侧力量偏大，那么就会拉着膝盖偏离凹槽，这时候也容易产生髌股关节的问题（见图6.51）。

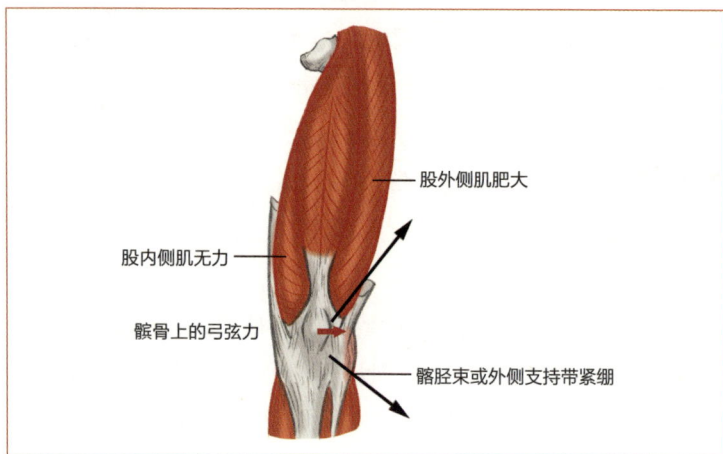

股外侧肌肥大

股内侧肌无力

髌骨上的弓弦力

髂胫束或外侧支持带紧绷

图6.51

　　所以，明显有X型腿的人或者女性，要适当少做股四头肌训练，或者深蹲时不要蹲得太深。股内侧肌、股外侧肌肌力明显不平衡的人，要注意通过有侧重地训练来平衡肌肉力量。

漫画专栏6 ——增肌的"秘术"

增肌的"秘术"？
你是不是想推销蛋白粉

别想坑我！

我不是，我没有，你别乱说！
大牛今天要说的"秘术"是

超量恢复

我们都有这样的经历：
某天，我们开开心心去健身房
"受虐"，啊不，是训练

为什么要蹲腿，人生
的意义到底是什么？

练完的时候，
感觉身体被
掏空

经过几天的怀疑人生休息

再也不蹲腿了
再也不蹲腿了
再也不蹲腿了
再也不蹲腿了
再也不蹲腿了
再也不蹲腿了
再也不蹲腿了

又可以活蹦乱跳地往健身房跑了

活力 MAX

我感觉可以再蹲一次！

甚至还可以举起更重的重量

咦！我蹲腿破纪录了！

增加了2.5千克

超量恢复

在适当的运动训练后，肌肉会产生适度的疲劳，形态功能等方面也会存在一定程度的下降。通过适当时间的休息，肌肉的力量和形态功能等方面就能恢复到运动前的水平，并且在一定时间之内，还可以继续上升甚至超过原有水平。

感觉晕了吗？

这就是一次典型的超量恢复经历

文字太多，我们看个图
超量恢复示意图

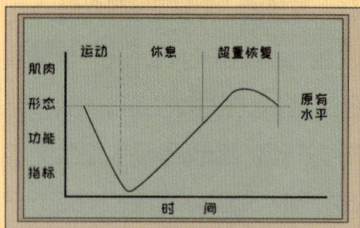

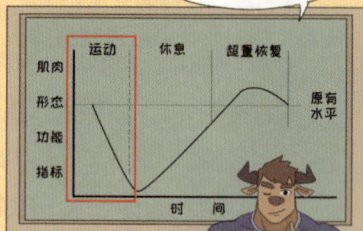

运动让我们肌肉能力下降。

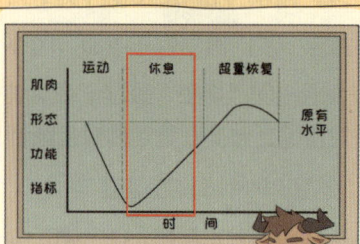

休息能逐渐恢复我们的肌肉能力。

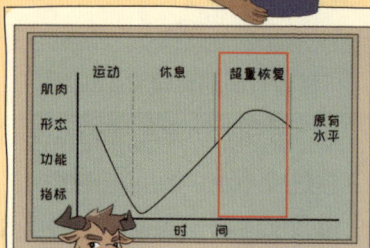

在一段时间内，我们的身体不仅能恢复到原有水平，还继续提升，这就是超量恢复！

我们的身体为什么
会出现超量恢复呢?

其实,我们的身体是非常聪明的,
经受过一次压力(训练)后,
身体就发现压力有点大

> 妈呀,压力有点大……

为了应对下一次到来的压力,
我们的身体就会**变强壮**一点点,
这就是超量恢复的原因

> 来啊! 再来!

> 我明明合理地练了好一段
> 时间了,怎么也没进步啊?

当然,
也不是每次训练都会超量恢复

比如
训练过度
训练不足

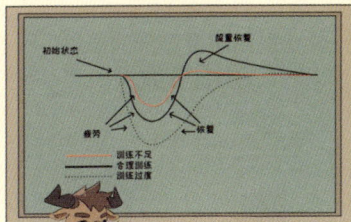

初始状态　超量恢复
疲劳
训练不足
合理训练
训练过度

> 不作就不会死。

合理训练是基础,不过……

**如果你三天打鱼两天晒网……
就可能错过超量恢复的时间**

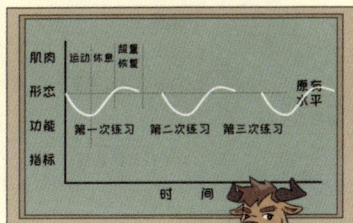

肌肉
形态
功能
指标

运动休息　超量恢复
第一次练习　第二次练习　第三次练习
原有
水平

时　间

> 真是得不偿失。

那我天天去！每天练！
我就不信练不大！

这也不行，那也不行……
我到底要怎么练？

一般说来，训练之后，
肌肉需要48~72小时的恢复时间，
不过这个恢复时间
还跟很多其他因素有关

睡眠
营养
训练强度
精神状态
身体素质
环境

竟然这么复杂！

唔……
坚持锻炼的精神可嘉……
不过在休息不完全的情况下，
可能情况更糟糕

肌肉形态功能指标　运动　休息　超量恢复　原有水平
第一次练习　第二次练习　第三次练习　时间

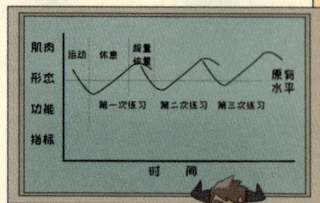

肌肉形态功能指标　运动　休息　超量恢复　原有水平
第一次练习　第二次练习　第三次练习　时间

最好的情况当然是
在超量恢复期间
进行下一次训练啦！

每次进步一点点，
循序渐进最重要！

这就是增肌最基础的原理
超量恢复

我还真以为有
"秘术"能让我一个月
变成肌肉男呢……

你做梦吧！

第7章

如何选择一套合理的训练动作

7.1 增肌不练腿就不行吗

很多人可能觉得，增肌训练动作那么多，该如何选择呢？是不是有很多很复杂的讲究？其实，选择增肌训练动作很简单，只要不违背基本原则就可以了。在基本原则的框架下，最终动作的选定其实可以很灵活。

下面我就讲讲选择增肌训练动作的基本步骤。

大体上可以分成两步。第一步，选择动作之前，要确定你要训练的肌肉部位，也就是选择练哪儿、不练哪儿；同时，决定各个肌肉部位的训练顺序，也就是先练哪儿，后练哪儿等。

第二步，给每个肌肉部位选择相应的动作。当然，训练动作的先后顺序有时候也有讲究。

先说说怎么选择要训练的肌肉部位。

很多人纠结练哪儿、不练哪儿的问题。常见的问题是，不练下肢，只练上身，是不是不可以？

其实，增肌训练完全可以不练下肢，只练上身。虽然有不少健身爱好者"看不起"只练上身、不练腿的人，但这只是一种偏见而已。

虽然增肌训练对健康有利，但是实事求是地讲，绝大多数健身者增肌是为了好看。所以，如果是为了好看，那么不管你训练哪儿都是对的，因为审美是自己的事，哪怕你只练胸肌，不练别的部位，那也是你自己的事，不涉及对与错的问题。

但有人想会不会不练腿，肌肉就练不大呢？这当然也不对。仅仅从经验上来说，我见过太多只练上身而且练得很好的训练者。不练腿只练上身，只要训练得当、营养搭配合理，也照样可以达到明显增肌的效果。

当然，从一些有限的研究来看，如果配合腿部训练，可能整体上对最大化增肌更有利，但是这绝不是说不练腿就完全不可以，最多只能说练腿可能更好。如果你要追求健康，那么建议全身系统训练，练腿是必要的；如果你希望尽一切可能最大化地增肌，那么也建议全身系统训练，要练腿。

如果你只是追求身材好看，希望增肌，改善自己的体态，而且打算遵从自己的审美标准，那么你不管单独练哪儿，都不算错，只要训练得当、营养搭配合理，都可以成功增肌。

7.2 如何安排肌肉训练顺序

好了，解决了练哪儿、不练哪儿的问题，接下来就说说如何安排肌肉训练的顺序。

为什么肌肉训练要讲究顺序呢？其实很简单，比如你周一练了肱三头肌，周二就不建议练胸肌了，因为练胸肌的很多动作都要用到肱三头肌作为辅助；肱三头肌还没恢复，力量下降，这样就不能很好地在胸肌训练中起到辅助作用，反而可能成为胸肌训练的短板。本来卧推能推100千克，而肱三头肌无力，只能推80千克，就限制了胸肌动作的发力，对胸肌训练产生影响。

在这里，再详细讲一下训练动作的主动肌和协同肌的知识。

什么叫主动肌？我们做一个动作，哪块肌肉提供最主要的收缩力，它就是这个动作中所有要收缩的肌肉里的主动肌。

还是以卧推为例。卧推动作中，胸肌是承担主要任务的，大家还记得胸肌的功能吧？所以，胸肌就是卧推动作的主动肌。同时，我们也讲过，卧推动作是一个复合动作，还结合了一个伸直胳膊的伸肘动作，肱三头肌也要收缩，这样，肱三头肌在这个动作里就是给胸肌帮忙的、打下手的，所以叫"协同肌"。

在一个动作里，协同肌不一定是一块，可能是很多块。比如卧推动作，肱三头肌是协同肌，肩部的三角肌前束也是协同肌，因为三角肌前束的功能是让上臂水平内收。所以，做卧推动作的时候，肱三头肌、三角肌前束都是打下手的协同肌。虽然是打下手，但是也缺不了，如果这些协同肌无力，也会影响到整个动作的完成。

要掌握主动肌和协同肌，就要充分了解肌肉的运动解剖学，把前面的知识学透，融会贯通，了解重要肌肉的功能。如果两部分肌肉的功能有重合，那么这两部分肌肉很可能就有主动肌和协同肌的关系，尤其是大肌肉配合小肌肉的时候。

当然，要就具体动作来确定主动肌和协同肌。比如胸大肌和肱三头肌，如果做夹胸动作，那跟肱三头肌就没关系；如果做卧推动作，胸大肌和肱三头肌就成了主动肌和协同肌的关系了。

反过来说，练胸的夹胸动作中，肱二头肌就成了胸肌的协同肌（这里是广义上的协同肌），因为它要收缩来固定肘部，如果肱二头肌无力，肘部不能有一个微屈的状态，那么很难完成好夹胸动作，也无法增加重量。所以，掌握主动肌和协同肌，除了要充分了解肌肉运动解剖学之外，还要多实践、多尝试、多训练。在训练当中，如果不小心"练错了"，先练了协同肌，导致协同肌疲劳，做动作时主动肌发挥不出力量，那么自己就能很明显地感受到，这样自然就能更好地理解理论知识了。

知道了主动肌和协同肌的关系，我们就知道了肌肉训练安排是要讲顺序的，原则就是，前面训练的肌肉不要影响到后面要训练的肌肉。

协同肌疲劳，导致其他主动肌训练受到明显影响，或者受到一定程度影响的情况，最常见的例子就是我们刚才列举的，肱三头肌会影响训练胸肌的动作。

另外，肱三头肌还可能影响三角肌后束的部分动作和推肩动作，肱二头肌会影响背肌，股直肌会影响训练腹肌的举腿动作等。大家要在学习运动解剖学的过程中，以及在训练中多留心、多总结、多体会。所以，如果你在一周内要把全身肌肉都训练一遍，那么建议把胸肌训练放在前面，把肱三头肌训练放在后面，比如周一练胸肌，周二练肱三头肌。

如果你一周要训练两遍胸肌，那么建议让肱三头肌有足够的恢复时间。比如，周一练胸肌，周二练肱三头肌，周四或周五再练胸肌，给肱三头肌充分的休息时间。

当然，具体训练的时候，情况要复杂得多，因为你还要考虑其他肌肉部位。而且，每个人的肌肉恢复速度也不一样，这跟训练年限、训练量、动作选择都有关系，也有很大的个体差异。比如，刚开始训练的时候，可能一个部位肌肉要恢复四五天，那么再次训练这个部位的肌肉，或者训练其他肌肉，这个部位肌肉成为协同肌，那就要等四五天以后再训练。但训练一段时间之后，肌肉恢复速度就会提高，可能一两天，或者最多三天就恢复了，那么就可以改变训练的安排。

在同一节训练课里面，要先练主动肌，后练协同肌。如果反过来，先练协同肌，那么协同肌疲劳，就会影响主动肌的训练。所以，如果一次训练课中要训练2个或2个以上的肌肉部位，那么应该先训练大肌群（往往是主动肌），后训练小肌群（往往是协同肌）。针对同一肌群，原则上也应该先做多关节动作，后做单关节动作。

比如一次训练课中要练胸肌、肱三头肌。那么应该先练胸肌，再练肱三头肌；练肱三头肌时选择了绳索下压和双杠臂屈伸这两个动作，一般建议先做双杠臂屈伸这种多关节动作，后做绳索下压这种单关节动作。因为单关节动作更简单，一般不需要太多协同肌的配合。

当然，这是一般规律，也不见得就不能打破，在训练时可以灵活安排。

7.3 怎么选择一个部位的训练动作

现在来说说怎么选择一个肌肉部位的具体训练动作。比如我们要练肱三头肌，那么多动作，该选择哪几个动作呢？

基本的原则就是尽可能把肌肉的几个"维度"都训练到。比如练肩，三角肌的3个束都要练到，尤其是后束，一般要单独安排一个动作。还比如胸肌，一般上部胸肌、下部胸肌也都要照顾到。

最后，肱三头肌的3个肌头也都要照顾到。前面讲过，肱三头肌的3个肌头里面，内侧头是很容易被训练到的，而长头是双关节肌肉，一般要单独安排一个更有针对性的动作来训练。前面也讲过，训练肱三头肌时侧重哪个肌头，要看肩关节的状态，也就是手臂的位置。肩部在后伸状态下的伸肘动作，比如屈臂反撑、双杠臂屈伸、器械臂屈伸等，偏重训练内侧头和外侧头；而肩关节在前屈状态下的伸肘动作，比如仰卧臂屈伸、绳索过头臂屈伸等，更有利于训练肱三头肌的长头。

实际上，简单地说，练肱三头肌时要选择的动作应该同时包括手臂举高和手臂不举高的动作，在不同的肩关节状态下训练肱三头肌，这样效果才最好。

最后，安排一个肌肉部位的训练动作时，还要尽可能选择单关节动作和多关节动作，使动作多样化。比如练背时，下拉、划船都是多关节动作，而直臂下压属于单关节动作，建议在安排下拉、划船动作之后，再安排一个直臂下压的动作，让动作更多样。

7.4 一周训练计划举例

最后，以一周训练计划为例，讲一讲怎么把刚才说的知识和原则

应用到实践中。以比较常见的一周3次训练安排为例——每周训练3
次，一般是隔天训练（见表7.1）。

表7.1

	训练部位	训练动作（按顺序）
第一次训练	胸、肱三头肌	平板杠铃卧推、龙门架下斜夹胸、哑铃上斜飞鸟、绳索下压、仰卧臂屈伸、双杠臂屈伸
第二次训练	背、肱二头肌	高位下拉、单臂哑铃划船、坐姿划船、龙门架弯举、集中弯举
第三次训练	腿、肩	深蹲、腿举、屈腿硬拉、坐姿哑铃推举、哑铃侧平举、蝴蝶机反向飞鸟

3次训练可以把全身主要肌肉训练一遍，第一次练胸、肱三头肌，
第二次练背和肱二头肌，第三次练腿和肩。这样，肌肉部位不会相互
影响，在胸、肱三头肌恢复期间，训练背和肱二头肌。虽然背部有些
动作也需要肱三头肌长头参与发力，但是参与程度较低，一般不会产
生影响。肩部训练被安排在肱三头肌训练的几天后，这样肱三头肌已
经恢复，不会对肩部训练产生影响。

具体训练动作方面，胸肌被安排了3个动作，分别训练上部、中
部、下部胸肌。且在一次训练中，胸肌训练被安排在肱三头肌训练前
面。肱三头肌的训练动作方面，选择了肩部不同状态的3个动作——
手臂基本下垂、手臂前屈和后伸的动作。

背部的动作安排尽可能多样化。肱二头肌方面，选择了肩关节外
展状态的龙门架弯举和肩关节内收状态的集中弯举，侧重训练肱二头
肌的两个肌头。

　　肩部训练方面，也选择了分别训练肩部三角肌前、中、后束的训练动作。

　　很多健身者把增肌训练的动作选择想得太复杂了。实际上，增肌训练动作选择没有刚性的规定，只要满足前面讲的原则，就可以根据实际情况灵活安排。

运动有风险

负重太大　分心　失误　意外　热身不充分

再怎么预防，也有踩到沟里的时候

小胖，你没事吧？

刚一边跑步，一边聊天，结果摔了一跤……

常见的急性损伤比如肌肉拉伤、扭伤等。我们常觉得无所谓

真是勇气可嘉……

这点小伤算什么，我要继续跑步去！

其实内部身体组织已经遭到破坏

软组织损伤　疼痛　血液淤积　毛细血管破裂　组织肿胀　肌肉痉挛

处理不及时可能引发陈旧伤病，甚至更严重的后果

我就是当年扭了脚没重视，结果后来……

自己的身体当然要自己保护！

所以，我们要重视
急性损伤的应急处理

应急处理

急性损伤后的**24**小时
是应急处理的黄金时间

黄金TIME!
24h

把握好这段时间，
可以让身体恢复事半功倍

我该怎么做？是热敷吗？是强行活动脚踝吗？是擦药吗？我不想截肢！

乱来截肢更快……

所以到底该怎么办呢？
请记住
PRICE原则！

PRICE

P：Protection（保护）

P

受伤了要注意保护，
避免进一步受伤

离我远点！
别碰我！

这不是有伤，
这是有"病"……

R：Rest（休息）

心安理得
不用锻炼
了……

呼～～

急性受损应该
立即停止运动

好像很得意
的样子……

我一定做到
好好休息，
绝不锻炼！

I：Ice（冰敷）

冰袋

冰敷可以减轻疼痛，
减少内出血，
这一点在受伤前期
至关重要

每次20分钟，
每小时重复冰
敷一次，如果
没有冰袋，也
可以用冷水冲。

C: Compression（加压包扎）

如果想进一步减少受伤部位血流，可以选择包扎固定。

但是也要注意血液循环，每小时至少松解5分钟防止意外。

E: Elevation（抬高受伤部位）

呼～

对四肢损伤而言，在尽可能的情况下，可以抬高患处。

另外还有一些误区也要注意：

急性损伤后，前24小时不能做的事：
①热敷；
②在患处使用有活血功能的药膏；
③饮酒；
④中等强度以上的运动；
⑤大力按摩。

当然，
任何应急措施都不能代替医疗。
如果有需要就要及时就医

记住 PRICE 原则，更好地保护自己

Protection（保护）

Rest（休息）

Ice（冰敷）

Compression（加压包扎）

Elevation（抬高受伤部位）